リベラルアーツコトバ双書 1

日本語のふしぎ発見！

—— 日常のことばに隠された秘密 ——

岸本秀樹

まえがき

　『日本語のふしぎ発見！』は，ことばに隠されたちょっと
した不思議や謎を日常的な場面を通して探っていきます。こ
のアイデアは，いわゆる文法をむずかしいと思う人に興味を
持ってもらうにはどのようにしたらいいのかという問いの答
えを探る中から出てきたものです。もちろん，そんなことと
は関係なく，すでにことば（特に，日本語）に興味を持って
いる人もたくさんいます。本書では，そんな人にも，さらに
興味を持ってもらえるように，できるだけ日常の出来事や自
分自身の体験・経験につなげたうえで，言語学で扱う言語現
象の一部をわかりやすく説明することを念頭においてエッセ
イを書いています。ユーモアを交えながら，時には（多少）
真面目にことばの奥に潜む秘密を解き明かせるようにとエッ
セイを組み立てています。
　書き物であるエッセイは，落語や漫才のような話芸とは違
って，しぐさや話し方などで人を笑わせることはできませ
ん。あくまで文字を追い，その内容を理解しながら，面白さ
が伝わらないといけません。そのため，真面目に読み進める
うちに，時折，クスッと笑えるような逸話を入れたりしまし
た。また，当たり前と思っていることを疑って少し突っ込ん
で考えてみると，ことばが違ったふうに見えてくるという話
も挿入しています。
　本書のエッセイの題材は，主に一般言語学の知見を反映し
たものですが，日本語を扱っていますので，日本語学や国語

学で得られた知見も取り入れています。ただし，それぞれの
エッセイに含まれるトピック・題材は，いわば表面をさっと
なでるだけで，深い議論には入っていません。どのトピック
もさらに深く調べてみると，もっといろいろなことが見えて
くると思います。場合によっては，ここで書いていることと
は違ったことばの側面が見えたり，それ以外にもまた別の新
たな発見があったりするかもしれません。エッセイでは，題
材と関係する一般言語学のキーワード（専門用語）を太字に
し，用語の英語訳を入れています。これはそのトピックが一
般言語学でも興味を持たれ研究されていることを示していま
す。キーワードをたよりに，その方面の研究を探っていく
と，どのような研究が行われているかなどについて情報が得
られます。そうすることで，ことばの不思議について深く調
べたりそれをたよりにさらに自身で考えたりする手助けとな
ると思います。

　エッセイのうしろに付けた「ことばについてさらに考える
ためのヒント」は，エッセイと関連した問いかけを入れてい
ます。この問いかけは，エッセイに関連したことをさらに考
えてみたくなった人のために，このような方向で考えてみて
はというヒントです。この問いについて考えると，ことばに
ついて研究しようとする際に具体的にどうすればいいのかと
いう道筋が見えてくるのではないかと思います。問いかけ
は，簡単なものからけっこう掘り下げて考える必要があった
りするものまで，いろいろですが，考えてみると何か発見す
ることがあるかもしれません。この中には，日本語教師が教
える際なんらかのヒントとなるようなものが見つかるかもし

れませんし，ことばについて論文やレポートを書こうとしている学生であれば，テーマとなりうるものが含まれているかもしれません（実際，似たようなテーマで卒業論文を書いた人もいます）。

　本書のエッセイは，もともと教養検定会議のさんどゆみこ社長からのエッセイ連載のお誘いに端を発しています。本書に含まれているエッセイの半分は，リベラルアーツ検定クイズの Web サイトに掲載されたものですが，まったく同じではありません。Web サイトのエッセイは長さを統一するために，話の流れを多少犠牲にして短くしたところがあります。本書のエッセイは，もともとの長さのものですので，Web サイト掲載のエッセイと比べると，もう少し話が込み入っていたり，Web サイトにはなかった挿話があったりします。また，場合によっては少し異なる構成になっていることもあります。残りの半分のエッセイは，本書のための書き下ろしになっています。

　さんど社長からは，連載にあたりいろいろな提案をいただきました。特に，本書の各所に挿入されている（本文の内容を端的に表す）イラストについてのアイデアをいただきました。イラストに関しては，篠原美来さん，安下尚吾さん，土井美琴さん，山本更紗さんにお手伝いいただきました。エッセイの内容を反映したイラストは，内容を理解した上で，描かないといけないので，けっこう大変ではなかったかと思います。時に何回か修正してもらったりしていますが，本文以上に楽しいものに仕上がっていると思います。また，初期段階の原稿は，妻（「匿名希望」）にも読んでもらい，イラス

トについてもいくつか飛び入り参加してもらっています。また，知人・友人からのちょっとしたフィードバックもエッセイの構成を考えるのに大いに参考になりました。本の編集については，金城由美子さんに大変お世話になりました。このように多くの人の助力によって完成にたどり着くことができました。本書の執筆の際に直接的・間接的に関わっていただいた多くの方々の助力に感謝いたします。また，本書の内容には JSPS 科研費（課題番号 JP16K02628，JP20K00605）の助成を受けた研究の成果が含まれています。

　日頃は，きわめてまじめに研究や教育を行っており，冗談まじりに仕事をしているわけではありません。わざわざそんなことを書くと，うそっぽく聞こえるかもしれませんが，読者のみなさまには，本書に納められたエッセイをクスッと笑いながら読んでいただく中で，日常的な表現に隠されてはいるものの，よく観察すると思わぬところから滲み出てきている日本語の不思議を体験していただければ大変うれしく思います。

2021 年 9 月

筆　者

目　次

━ *Part 1*　エッセイ ━━━━━━━━━━━━━━━━━

═ *Part 2* 　資　料

Part **1**

エッセイ

さあ，出発！ 発車オーライ？
行き先案内・アナウンスの謎

　私は通勤や出張などで電車を利用する機会が多い。駅では，いろいろと案内表示を目にしたり，アナウンスを聞いたりする。駅のアナウンスでは，同じような情報が何度も繰り返し伝えられるので，聞き流していることが多い。しかし，普段と違う路線の電車に乗ると，少し違う行き先案内やアナウンスに「おや？」と思うことがある。初回はそんなことについて話してみたい。

　電車に乗ろうとして案内掲示板を見ることはしょっちゅうあるけれども，関西と関東で表示法が少し違う。関西では，電車の出発順を「先発➡次発➡次々発」の順で表示する。関東の私鉄では「こんど➡つぎ」のように表示するのを見かける。ネットで調べたところ「こんど➡つぎ➡そのつぎ➡そのあと」と表示されている駅があるとのことである。（関西では，「そのあと」に相当するのは，「次々発」になるはずであるが，これは見たことがない。）駅の案内表示は，縦に並んでいることが多く，電車の時刻も表示されているので，通常は，どの電車が先に出発するのかを知るのに特に問題は生じない。しかし，そうは言っても，私にはこの関東の「こんど，つぎ」の表示がどうもわかりにくい。（しかし，なぜ「ひらがな」表示になるのであろうか？）関西人には，この感覚を共有している人が多いようである。

　「次」「先」が付く「先発」「次発」や「こんど」「つぎ」

のような表現が指すものは，時間あるいは空間の軸をどこに置くかによって相対的に決めなければならない。（つまり，どこに軸を置くかによって，指すものが異なるのである。）「先発」「次発」のような名詞は，**相対名詞**と呼ばれる（英語の用語は，relational noun なので，関係名詞と呼ばれることもある）。相対名詞には，いろいろなものがあるが，特に，電車の出発表示で日常的に目にする。私が出張でよく利用する東京駅の中央線のホームでは，出発の表示が「先発→後発」のようになっていたと思う。1つのホームの両側で同じ路線の電車が出発していたので，表示は，例えば，（1）のようになる。（ここでは電車の発車時刻を出さずに考えることにする。）

（1）

1番線		2番線	
先発 快速 XX		後発 特別快速 ZZ	
快速 YY		快速 WW	

これだと，1番目，2番目にどの電車が先に出るのかすぐにわかる（どの電車が3番目，4番目に出るかはわからない）。もし先の関東の私鉄の方式を採用するとどうなるであろうか。（2）は，この方式を適用すると，駅の表示で見かけることになる可能性が高い。

（2）

1番線		2番線	
つぎ 快速 XX		こんど 特別快速 ZZ	
そのあと 快速 YY		そのつぎ 快速 WW	

少なくとも，関西で生まれ育った私には，一列目の電車が最初に出発するのであろうということは推理できる。しかし，一列目のどちらの電車が先に出るかわからない。さらに，指示表現の「その」が何を指すのかがわからない。そのため，私は，どの順番でどの電車が出発するのかまったくわからず，戸惑いながら，うろうろすることになるであろう。（もし発車するホームが1番線〜4番線まであって，電車の出発順がこの方式で表示されていたら，さらに混乱するのは必至である。）

　正直なところ，私にとっては，「その」があると，前に何かがあることがわかるが，それ以外は，どんな順番で並べても意味は特に変わらないように感じる。「つぎ➔そのつぎ➔こんど➔そのあと」や「こんど➔そのあと➔つぎ➔そのつぎ」などは，関東の人にとってはおかしい並びなのであろうか？　もちろん，関西方式で，順番を「次発➔先発➔次々発」や「次々発➔先発➔次発」などとしてしまうとおかしな並びになる。ただ，最近では，関東で「こんど」「つぎ」のような表示をしない駅も多くなっているらしいとも聞いている。

　乗る電車が決まって，電車が実際にプラットホームに入ってくる段になると，(3)のようなアナウンスを耳にすることがある。

(3) 危険ですので，白線の内側にお下がりください。

このアナウンスも正確には，何をすればいいのかよくわからない。「内側」という表現は相対名詞なので，どこが外に当

たるのかがわからないと行動ができない。通常の駅の文脈な
ら，電車の入る側が外，白線の反対側（電車の来ない側）が
内になるので，通常の解釈は，電車の入るホームの端ではな
く，白線が引かれているところよりも電車から離れた位置に
立つというものになるであろう。しかし，それ以外の解釈も
可能である。

　白線の内側は，10 センチ程度の幅の線の中と解釈するこ
ともできる。この解釈だと，乗客は，ホームに引かれた狭い
線の白い部分に，体操の平均台で体操選手が立つような感じ
で立つことになる。「白線の内側にお下がりください」のア
ナウンスがされていた当時，私が普段乗っていた電車のホー
ムの白線は，白い線が長く引かれているのではなく，幅 10
センチ，長さ 40 センチ程度の短かい線が電車と平行に少し
間隔を開けて並んでいたと記憶している。これだと，平均台
の選手より厳しい条件で，ホームに立つことになるであろう
か。そして，ラッシュアワーだと，このようにするには，よ

り一層むずかしい人間業を超えた行為をしないといけなくなる。

　私が普段使っている電車では，当初，（3）のようなアナウンスをしていたが，しばらくすると，「白線の内側にお下がりください」から「白線のうしろにお下がりください」に変わった。事実は確認してはいないが，たぶん，私の考えたような解釈があるために，まずいと思って変えたのかもしれない。しかし，それでもどこが「白線のうしろ」に相当するのかという問題は残り，（私のように）意図された解釈以外の解釈を考える人もいるはずである。

　なお，私のよく乗る電車のホームでは，現在では，細い白線以外に（白線のうしろに？）黄色い点字ブロックも並んでいる。そして，駅のアナウンスは，「危ないですから，点字ブロックの内側にお下がりください」となる。駅の点字ブロックは，30センチくらいの幅で，ホームに一列につながって並べられている。これなら，「内側」をどちらの意味に解釈しても（ラッシュアワー以外なら）なんとかなるのではないかと思う。

　ところで，だいぶ以前，私がまだ学生の頃，アメリカの西部でアムトラックに乗ってアメリカ人の友人の母親の家を訪問したことがある。ロサンゼルスの留学後だったと思うが，ロサンゼルスを再訪した時に，その友人の誘いで，ロサンゼルス郊外の駅からサンディエゴに向かったのである。その駅は，留学中しばらく住んでいたところの近くにあり，市販の時刻表にも出ていたのであるが，当時私はそこに駅があることにまったく気がついていなかった。線路があって時々列車

が走っていることは知っていた。私の友人は，サンディエゴへの行き方を教えてくれる際に，そこに駅があると言っていたのであるが，地元の人はだれも知らず，先の留学時にいろいろとお世話になり，その時にも自宅に泊まらせてもらっていた先生も，そんなところに駅があるはずがないと言うし…結局，いろいろ人に聞いてもどこに駅があるかわからず，最後にアムトラックに電話してどこに駅があるのか聞いたような気がする。移動の当日になって駅に行ってみると，駅とは言うものの，実際にあったのは，１メートルの幅で長さが１０メートルぐらいのコンクリートの床だけで，案内板も時刻表もなかった。（これなら，日本の過疎地の無人駅の方がよっぽど駅らしいと思ったのを記憶している。）このコンクリートは，日本で見る白線の点の一部を巨大にしたようなものだった。日本の白線の点とは違い，このコンクリートの小さなホームの中で１人で列車を待つことには問題がなかった。

　そもそも，そんなところに，何両もつながったアムトラックの列車が止まるとは思えなかった（また，列車が定刻に到着するとも思えなかった）のだが，とりあえず，列車の到着を待つことにした。しばらくすると，何両もつながったアムトラックの列車がぴったり定刻にやって来た。そして，（もちろん）駅のアナウンスもなく，長い列車は停車した。ほとんどの車両が小さなホームからはみ出す形で列車は止まったのであるが，ホームのすぐ近くに乗降口があったので，列車に乗り込むのには何の問題もなかった。その後１〜２時間で，友人の母親宅に着いたと思う。そして，訪問先でアムト

ラックがほぼ定時に着いたと言ったら，友人とその母親にたいそうびっくりされた。アメリカ西部は車社会で，今はどうか知らないが，列車が走っていることすら奇跡みたいな感覚を私はその当時は持っていた。

　それはさておき，（日本で）電車に乗ると，（4）のような車内アナウンスを聞くことがある。

（4）a.　開くドアにご注意ください。

　　　b.　電車が左に曲がりますので，ご注意ください。

あまり気にせずに聞き流せばいいのであるが，ここでも私は少し困惑する。（4a）は，少し変えて「ドアが開きますので，ご注意ください」とすると，わりと聞き流しやすい。しかし，（4a）のように，わざわざ「開くドア」というように「開く」が「ドア」を修飾する**名詞修飾節**（noun-modifying clause）をつくると，「開かない」ドアがあるという含意が出てくるので，どうしてもどれが「開かない」ドアなのか気になってしまう。そして，もしかすると，電車のドアが1つおきに開くのかとか，両開きのドアの右側だけ開いて左側が開かないのであろうかと思ってしまう。また，停止した電車の両側にホームがあり，両側のドアがすべて開くはずの場合でも，やっぱり，（4a）のように言うのであろうかと，思わずいろいろ想像してしまう。

　（4a）のアナウンスには変異形があって，どこかで「開きますドアにご注意ください」というものを聞いたことがある。「ドアが開きますので，ご注意ください」なら，「開く」

に「ます」を付けて丁寧形にするのは問題ないが，名詞修飾節の中の動詞を丁寧形にするのには私はかなりの違和感をおぼえる。電車のアナウンスは，繰り返し聞いているので，反復効果によりそんなものかと思ってしまっている人も多いかもしれない。しかし，「?? このテーブルにおきます料理をお取りください」vs「このテーブルにおく料理をお取りください」や「?? 今から渡します資料を読んでください」vs「今から渡す資料を読んでください」のように新たに例を作ってみると，丁寧の「ます」を名詞修飾節の中の動詞に付ける表現はおかしく感じる（記号の ?? は完全に非文法的とまでは言えないものの，かなりおかしく感じるという意味を表す）。丁寧な表現をしたいという動機付けはあるのであろうが，名詞修飾節に埋め込まれた動詞に「ます」を付けるのは，文法的な観点からは少しやり過ぎじゃないかと思う。

　次に，(4b)で気になってしまうのは「曲がる」という動詞である。(46)の電車のアナウンスでは，「曲がる」は，移動の方向を変えるという「移動」の意味を表す。しかし，何も文脈がなければ，この動詞は「状態変化」の意味を表すのではないかと思う。例えば，マジシャンがマジックでスプーンを曲げるという場合には，スプーンが移動の方向を変えるのではなく，スプーン自体が折れ曲がるという意味のはずである。「くぎが曲がった」と言っても，これは同じではないかと思う。

　(4b)の表現も聞き慣れているのでなんとなく洗脳されているが，例えば，運転士が（通常は使用しない他動詞の「曲げる」を使って）「これから電車を左に曲げます」とアナウ

ンスするならば，どうしても「電車自体がくねっと曲がってしまう」ことを想像してしまう。もっとも，電車は，車両がいくつかつながっているので，車両の1つ1つは曲がらなくても，全体としては，曲がったスプーンのように電車が変形するという状態変化の意味にとれないこともない。しかし，（4b）のようなアナウンスは，バスでも聞くことがある。電車と違って，バスは，通常，車体が1つだけからなる（ただし，連結バスという例外もある）。そうすると，普通のバスは，スプーンが曲がるようにくねっと車体が曲がることはあり得ないことになる。しかし，バスの運転手が（4b）のようなアナウンスをすると，どうしても，乗っているバスがいつスプーンみたいにくねっと曲がるのだろうかと想像してしまう。

日頃聞き流している電車やバスの定型のアナウンスでも，言われていることをよくよく考えてみると，いろいろと想像が広がることが多い。そんな時は，車中でゆったりと居眠りができなくなってしまう。

職業の種類は
働く場所との関係で決まる？

　周りを見渡すと，実に，さまざまな職業があることがわか
る。私は，自分の研究（むずかしいことばで言えば，**言語学**
（linguistics），平たく言えば，ことばの研究）をしなが
ら，大学で教鞭をとっているので，「研究者」であり，ま
た，「教育者」でもある。街の中には，いろいろなお店があっ
てそこで働いている人は，お店の従業員あるいは店員であ
る。日頃あまり顔を見なくても必要な時には，呼べばすぐに
来てくれる人たちもいる。だいぶ前に，水道の水が漏れてい
るので，電話をして来てもらったのは「水道屋」である。電
気のスイッチの具合がおかしければ，「電気屋」に修理を依
頼する。急にガスのにおいがするようになったなら，ガス漏
れの可能性があるので，「ガス屋」に調べてもらうように依
頼する。庭の植木が伸びすぎたり繁りすぎたりして，少し刈
り込みが必要となった場合には，「植木屋」を呼ぶ。壁の色
がはげてきたら「ペンキ屋」にペンキ塗りを頼む。何かを安
く大量に買う時には「問屋」に行くこともある。

　いろいろな職業を持っている人を「〜屋」と呼ぶことが多
い。「〜屋」は，もともと家屋を表す語なので，「〜屋」は
家屋の名前を付けるのに用いていたものが，商売の名前や屋
号，そして，その職業を指し，やがて，その職業に就いてい
る人を表すように拡張されていったと言えるであろう。似た
ようなことは，「〜家」でも起こる。「〜家」は，「か」と読

む時と「や」と読む時がある。「や」と読む時は，本来なら「屋」に対して付けるものに「〜家」の字を当てて使っている可能性があるので，ここでは，そのことを排除するために，「か」と読む「〜家」について考えてみたい。「〜家」の場合も，ある種の専門職の人間を表すことができる。例えば，「写真家」「咄家」「園芸家」「陶芸家」「華道家」「画家」などである。

　「〜屋（や）」と「〜家（か）」は両方ともある種の専門職業の人を表すことができるが，そうは言ってもずいぶん感じは違う。例えば，庭の植木がボウボウに茂ってきたので，少し刈り込んでほしい場合には，「植木屋」は呼ぶけれど，「園芸家」はちょっと呼びにくい。園芸家を呼んだら，庭を芸術作品にしてしまいそうである。同じことは，他のことでも言える。家のうすぼけた古い壁のペンキを塗り直したくな

った時には，「ペンキ屋」を呼ぶであろうが，「画家」はちょっと呼びにくい。画家は，壁を斬新な芸術作品にしてしまいそうで，実際にそうなってしまうと，家の居心地がちょっと悪くなる。

　一般に「〜屋」という場合には，庶民に馴染みのある職業で，ちょっとしたことを頼みやすい。他方，「〜家（か）」は何かを専門的に追究する職業で，日常的な修理のように，必要ではあっても芸術性のない仕事は頼みにくいと言えそうである。

　日本語では，人間とそれ以外を区別することがあるので「〜屋」と「〜家」が入った表現がどのように振る舞うかを見てもおもしろい。まずは，次のような例を考えてみることにする。

（1）a．植木屋が話している。
　　　b．街角に植木屋がある。

（1a）の主語には「植木屋」が入っているが，「話す」行為を行う主体は基本的に人間なので，（1a）の「植木屋」は人間を表していることがわかる。（1b）では「〜がある」の「〜」の部分に入るのは，**無生物**（inanimate）に限られるので，この場合の「植木屋」は建物を表していることがわかる。

　次に，「〜家（か）」については，（2）のような分布が観察される（（2b）の例文の前に付いている記号（*）は，その文が非文法的あるいは容認されないことを示す）。

（2）a.　写真家が話している。
　　　b.　*街角に写真家がある。

　（2）の事実は、「写真家」が人間を表すことはあっても、建物を表すことはないことを示している。（2a）の「〜が話している」と（2b）の「〜がある」の両方に入る「〜家（か）」の表現がないかだいぶ考えてみたが、どうもなさそうな気がする。これは、「植木屋」が人間も建物も表せるのとは対照的である。「〜家」は「か」と読んでも、「民家」「農家」のように、建物や場合によっては職業も表すことができるので、これは一見すると不思議な現象である。
　「〜屋」においても、2つの意味を表すことができない表現がある。例えば、「照れ屋」「はずかしがり屋」「はにかみ屋」「がんばり屋」は、「屋」が付いていても建物は表せず、人間しか表すことができない。したがって、これらの表現は、（2a）の「〜が話している」のフレームに入る（「はずかしがり屋が話している」）が、（2b）の「〜がある」のフレームには入らない（「*街角にはずかしがり屋がある」）。「はずかしがり屋」を無理矢理お店の名前にして、商売を表すようにすることはできる。「はずかしがり」や「はずかしがる」という商売は存在しないが、わざとお店に「はずかしがり屋」という名前を付ける可能性はある。とは言っても、「はずかしがり屋」では何を売ることになるのだろうか？
　「はにかみ屋」も同様である。「はにかむ」という商売はもともとないが、「はにかみ屋」が、「はにかみ屋」というお店を出して、何かを売ることは考えられる。ちなみに、何

かにつけて取り仕切りたがる「仕切り屋」なら，部屋を分け
るパーティション（仕切り）を売っている可能性はあるかも
しれない。なお，「仕切り屋」はもともと廃品回収の分別を
している人を表すようなので商売をしていても不思議はない
と思われる。

　逆に，「〜屋」が付く表現が建物しか表せない場合もあ
る。「あばら屋」「建て屋」「一軒家」「長屋」などである。
当然のことながら，これらの表現は，「〜が話している」の
フレームには入らない（「*あばら屋が話している」）が，
「〜がある」のフレームには入る（「街角にあばら屋があ
る」）。もともと「〜屋」の付く表現は建物を表すはずなの
で，ここで起こっている現象は，「〜屋」が表すことができ
るものが，（3）に示されているような拡張を起こしているこ
とを示唆している。

（3）　　建物　→　人間

「屋」の付く表現には，建物だけを表す場合，建物と人間の両方を表せる場合，そして，人間のみを表す場合がある。「家（か）」の場合は，建物を表すか人間を表すかのどちらか一方ということになる。「家」は職業を表すことが多いが，「自信家」「恐妻家」「愛妻家」のように職業を指さないものもある。

　もちろん，（3）のような拡張が起こらない表現もある。例えば，「喫茶店」「電気店」「古書店」などの「店」が付く表現は（何らかの商売をしている）建物しか表せない。したがって，「古書店」と「古本屋」のように，ほぼ同じ意味を表す表現でも「～が話している」と「～がある」のフレームに入るかどうかで違いが見られる。「古本屋」は，人間も建物も表すことができるので，（4）のような分布が観察される。

（4）a．古本屋が話している。
　　　b．街角に古本屋がある。

これに対して，「古書店」は，建物は表せても人間を表すことはできないので，（5）のような分布が観察される。

（5）a．＊古書店が話している。
　　　b．街角に古書店がある。

ちなみに，「～屋」の付く表現は，比較的身近な存在の職業

を持つ人を指せるので，「寿司屋さん」「古着屋さん」のように「さん付け」しやすい。これに対して，「〜店」の付く表現は，人間を指せないことから，「*喫茶店さん」「*電気店さん」のように「さん」は通常つかない。しかし，新聞の広告のチラシの案内地図の中に時々，道標になりやすい場合など「電気店さん」というように「さん」づけをした表現を見たことはある。むりやり建物を人間に見立てて「さん」づけをしているのであろうか。社会言語学でよく言われる**過剰矯正**（hypercorrection）の一種かもしれない。

　ここまでの話は，本来なら建物を表す表現がそこに関係する人間を表すように拡張を起こすということであった。人間と建物の結びつきが強いのでこのような拡張が起こるのである。そうすると，ある種の表現に対しては，(6)のような逆方向の拡張が起こってもよさそうである。

(6)　　人間　→　建物

実際に，「眼医者」「歯医者」のような表現は，もとは人間を表す表現であるが，(7)のような例から，建物を表すように拡張していることが見てとれる。

(7) a. 歯医者が話している。
　　 b. 街角に歯医者がある。

「歯医者」は，「〜者」が含まれていることから，元来は，人間を指しているはずである。しかし，(7b)で示している

ように，建物を表すこともできるので，ここでは，（6）で示されている人間から場所への拡張が起こっていると言える。「〜者」の場合には，多くの場合，人間のみを表す。今回の話の最初に出た「研究者」「教育者」は，人間しか表せない。

(8) a. 研究者が話している。
　　 b. *街角に研究者がある。

「〜者」の付く表現については，（6）のような拡張が起こった結果，建物のみを表すようになったものはなさそうである。ちなみに，「前者」「後者」のように，必ずしも人間を表さなくてもよい場合がある。これは，「前者」「後者」が代名詞のように使われるからである。

　次に，「〜人」は，「にん」と読む表現でも「じん」と読む表現でも人間しか表すことができないと思われる。ただし，「宇宙人」「火星人」は「〜人」が付いていてもおそらく人間には分類されないのではないかと思う（「人間相当」の扱いはしているかもしれない）。それと，（現在のところ）最古の人類の祖先と言われている「ラミダス猿人」も人間かどうかあやしい。場合によっては，「仙人」あたりも厳密には人間ではないかもしれない。

　最後に，「〜屋」と「〜家」のペアが存在する表現について少しだけ考えてみたい。この中には，「写真家」vs「写真屋」のように，「〜屋」が付くと親しみのある表現になる場合と，「政治家」vs「政治屋」のように「〜屋」が付くと暗

いイメージの表現になる場合がある。これは，おそらく職業が卑近なものかそうでないかの違いによるのであろう。「写真家」は，「陶芸家」のように高尚な芸術活動をする。しかし，「写真屋」は私たちの身近な街角にもあるため，「写真屋」は通常の親しみのある表現となる。これに対して，「政治家」は，国なり自治体を動かすという市民の日常とは少し次元の異なる活動をしている。そして，このような人たちは，お店に電話をかけると修理なりお手伝いなどを気軽にしてくれる身近な職人のような存在ではない。「政治家」は政治事務所を持っていることがあるが，そこを「政治屋」と呼ぶわけではない。身近にある建物と関係していない「～屋」の付いたある種の商売をする人を表す表現は，他にも結構ある。「ダフ屋」「口入れ屋」「地上げ屋」などである。この人たちも，どこかに拠点はあるのだろうが，おおっぴらに店舗を持つような感じではない。「政治屋」も含めこれらの表現にはどれも否定的なイメージがつきまとうように思うが，どうであろうか。

子ゾウのかあさんはどんなゾウさん？

　以前，学会で南アフリカ共和国に行ったことがある。乗り継ぎを入れて片道１日半かかったであろうか，とにかく長旅の末たどり着いた。私にとって未知の大陸であったアフリカには，日本では動物園以外では見られない動物がたくさんいる。街中では，大型の動物を見かけることはなかったが，学会のソーシャルイベントの１つで，ガイドが付いたツアーに参加した時に大型動物を目にした。ツアーでは，少し郊外に出た時に，車がガチョウ牧場なるものの前で止まって，ガイドさんがガチョウについて解説をしてくれた。南アフリカでは，ガチョウは食用にもなるので，飼育されているガチョウもいれば，野生のガチョウもいるということである（アフリカには，「野良犬」「野良猫」ならぬ「野良ガチョウ」がいるのである）。

　南アフリカでは，ガチョウは普通に雑草を食んでいたり歩いていたりする日常的な動物のようである。それ以外にも，私たちが日頃見慣れない動物もいるが，南アフリカで代表的な大型動物は，ライオン，ヒョウ，ゾウ，サイ，バッファローで，ビッグファイブと呼ばれている。どれも日本の動物園で見られるが，南アフリカでは，国立公園やサファリなどで野生のものが見られる。ビッグファイブを見るチャンスはなかったが，これらの動物の中では，特に，ゾウに対して，親しみをもっている。ゾウは，私の論文で何回も取り上げてい

るので，思い入れがあるのである。ちなみに，ケープタウンのお土産屋さんでは，大人のゾウの実物大の人形があったが，大きすぎてとてもお土産として買う気にはならなかった。ゾウの人形は，ポケットマネーで買えるような値段でもなかったが，そもそも，買ったとしてもそんなものを置く場所がない。

それはともかく，ゾウには，私のみならず，ことばの研究，特に日本語の文法の研究をしている者にとって特別な意味がある。古典的な日本語文法研究の専門書に『象は鼻が長い』というタイトルの本があるからである（三上章著，「日本文法入門」という副題もついている）。専門書のタイトルとしては不思議な感じがするが，実は，日本語の特徴をきわめて端的に表す代表的な例が本のタイトルになっているのである。

日本語の文法研究では，ゾウは特に親しみのある動物なので，今回は昔懐かしい童謡の「ぞうさん」（まど・みちお作詞／團伊玖磨作曲）の歌詞の一部を題材にして，その意味するところを少し分析してみたいと思う。まず，（1）に「ぞうさん」の歌詞をあげる。

（1）ぞうさん，ぞうさん，お鼻が長いのね。そうよ，かあさんも長いのよ。

歌詞には，先の本のタイトルに似た部分があることはすぐにお気づきのことと思う。これについては，後から見ることにして，最初に本のタイトルとほぼ同じ形式を持った（2）を考

えてみたい。

（2）象が鼻が長い。

先に挙げた本のタイトルの『象は鼻が長い』では，最初の部分は「象は」となっているが，日本語の特徴を説明するために，（2）では「は」が出ない形の「象が」にしている。（2）の文はそのままだと，ぎこちなく感じる人もいるが，この文を「こと」節などに埋め込む（つまり，後に「ことを知らなかった」を続ける）なり，「が」を少し強く高く発音し「それだけが」という**排他**（exhaustive listing）の意味を出すなりすると自然になる。それはともかく，（2）の例では，いわゆるガ格の標示を持つ要素が2つ現れている。日本語では，ガ格標示を持つ名詞句は典型的に主語となる。主語は述語によって記述（あるいは叙述）される対象なので，（2）の述語「長い」の（実質的な）主語はガ格標示を持っている「鼻」である。つまり，（2）は，「鼻が長い物体」であると言っているのである。

　それでは，同じくガ格で標示されている「象」はどうであろうか。「象」は（例えば，物干し竿や国旗掲揚台にあるポールのような）「長い物体」ではない。したがって，「象」と「長い」に主語と述語の関係を持たせて「*象が長い」とすると，意味がおかしくなる。（2）においては，このような意味的な逸脱は感じられないので，（2）の主語は，「鼻」であって，それよりも左側にある「象」は「長い」の主語ではないことがわかる。実際のところ，（2）の「象」は，「長い」

のとる項ではなく，意味的には「鼻」と関係づけられる項である。さらに言えば，(2)は(3)と同じ論理的な意味を表している。

(3) 象の鼻が長い。

(3)の「象」は「鼻」の中に埋め込まれて，「所有者（象）－被所有物（鼻）」の関係を結んでいる。それと同じ所有関係が(2)の「象」と「鼻」の間に見てとれるのである。そして，(2)は，「象」について「鼻が長い」という状態が成立すると述べている。(2)の「象」は，意味的には「長い」の主語ではない。しかし，「長い」の主語の「鼻」と同じガ格の格標示を持っているので，(2)の「象」のような表現は，**大主語**（major subject）と呼ばれる。何となく専門用語っぽく聞こえるが，なぜ「主語」に「大」が付くのかはいまいちはっきりしない。（ちなみに，英語の subject の前に現れている major にしても同じことである。）(2)の構文は，他言語ではあまり観察されないので，日本語の特徴を端的に表す構文の1つとされている。

　大主語構文では，ノ格で表される意味関係を持つ表現がガ格で現れるため，(3)は，(2)のノ格表現がガ格表現に変換されることによって，つくられたと考えられている。ガ格で標示される名詞句は典型的に主語であることから，このような変換が成立する場合には，**主語化**（subjectivization）が起こっていると言われることがある。ガ格が主語を表すことが多いからである。しかし，これは一般的にそうであると

いうことで，例外もある。例えば，（4）のように，普通なら
ば主語と呼べなさそうなものにもガ格が現れてしまうことが
ある。

（4）a.　<u>ここから</u>富士山がよく見える。
　　　b.　<u>ここからが</u>富士山がよく見える。

（4a）の「ここから」は場所を表す。場所表現は，なくても
文は必ずしも不完全であるとは感じられないので，（現れて
も現れなくてもよい）**付加詞**（adjunct）である。付加詞
は，主語や目的語のような述語がとる**項**（argument）と
対立する概念である。このような場所表現（付加詞）でも
（4b）のようにガ格を付けることができる。ガ格が付くこと
によって主語化が起こると言うのであれば，（4b）の「ここ
から」も主語になっていると言わなければならない。しか
し，この表現は，ガ格が付いているものの，本当に主語と呼
ぶべきかどうかは，大いに議論の余地がある。

　ここで童謡の「ぞうさん」の話に戻ると，（1）の「ぞうさ
ん」の歌詞の「かあさんも長いのよ」の部分は，2つの解釈
が可能であることにお気づきであろうか。1つの解釈は，文
脈から容易に想像できる，ごく常識的な「かあさんゾウの鼻
が長い」というもので，この解釈だと，（1）の歌詞は，「子
ゾウも，かあさんゾウも，鼻が長い」という意味を表してい
ることになる。

「かあさんゾウ」に与えることができるこの解釈は、先に説明した大主語構文から来ている。どのようになっているかは、(5)のように図示することができる。

(5) <u>かあさんが</u>　<u>鼻が</u>　長いのよ
　　　　↓　　　　　↓
　　　<u>かあさんも</u>　φ　長いのよ

1つめの解釈では、「かあさんも」は、ガ格で現れる大主語に対応し、「長い」の意味上の主語の「鼻」は、文脈で何を指しているか推測できるために省略されていると考えることができるのである。日本語は、英語とは異なり、文脈でわかるのであれば、主語や目的語を容易に省略できるため、このような解釈が可能になる。これも（英語とは異なる）日本語の特徴の1つであるとされる。

　「かあさんも長いのよ」が持つことができるもう1つの解釈は、「かあさんゾウが長い」、つまり「かあさんゾウが長い物体である」というものである。2つめの解釈の場合、こ

の歌詞は,「子ゾウの鼻は長いのだが,かあさんゾウは（鼻
はどうかわからないけど）長細い体をしている」と解釈され
る。

「かあさんゾウ」に対するこの2つめの解釈は,（6）のよう
な通常の形容詞文から来ていると考えることができる。

（6）<u>かあさんが</u>　長いのよ
　　　　↓
　　　<u>かあさんも</u>　長いのよ

つまり,「かあさんも」は,「長い」の意味上の主語の「か
あさんが」に「も」が付いて「かあさんも」になったのであ
る。(6)の場合,（5）のような省略は起こっていない。(6)
に由来する解釈は,通常の常識とは反することになるし,
「ぞうさん」の歌詞の文脈でも逸脱していることになるの
で,通常は,思い浮かばないかもしれない。しかし,（得ら
れる解釈が常識に反するかどうかはともかく）日本語の文法
上は許されている可能な解釈である。（というか,文法上は

こちらの方が普通の解釈ではないかと思う。）

『象は鼻が長い』の著者がどのようにして「象」の例を思いついて，なぜこの例を本のタイトルにしたのかについては定かではない。同じような形式を持つ文はいくらでもつくることができるのに，なぜこれがタイトルになったのであろうか。実際に，この手の構文は簡単につくることができる。正式には，このタイプの構文は，（専門用語として）「大主語構文」と呼ばれるが，場合によっては，「象―鼻構文」と名付けてもよいかもしれない。「象―鼻構文」についてはどこかで聞いたことがあるような気もするが，実際に，そのような命名がされたことがあるかどうかについてはわからない。少なくともネットで検索してみてもこの名称は出てこなかった。

同じ形式を持つ文は簡単につくることができる。そして，そんな例をいくつかつくってみて，その中から１つ選んで構文の名前としてもよさそうなので，少し考えてみようと思う。例えば，「キリンは首が長い」（これなら「キリン―首構文」）「くじらは図体が大きい」（これなら「くじら―図体構文」）「キティちゃんは顔面が（体とは不釣り合いに）でかい」（この場合，「キティ―顔面構文」）「少女マンガのヒロインは目がキラキラだ」（これなら，「少女マンガヒロイン―キラキラ目構文」）などなどである。それ以外にも，つくれることはつくれるが，どれもあまりセンスはよくなさそうである。（最後のはまだましかな？）いずれにせよ，括弧の中に入っている私の考えた名前が残っていく可能性はない。言語学では，最初に注目された例にちなんで付けられた構文の名前が定着するからである。

書類で山のように盛り上がった机を見て考えること

　私は，仕事柄，文献をけっこう大量に読む必要に迫られる。そのため，机の上には，主に論文の執筆に使うパソコン（注：たまには暇つぶしにも使用する）と専門書や学術雑誌の論文のコピーや，その他の紙の束と文房具が雑然と山のように積み上げられている。机の上は，秩序などなくまったくのカオスである。実は，カオスなのは，机の上だけではないが，とりあえず，そこはあまり気にせずに話を進めると，この有様は，私が整理するのが大の苦手であることが主な要因である。

整理ベタがたたって，1 つの仕事が終わっても不要になったものを整理・処分することができずに，1944 年に突如噴

火して2年ほどで山になった北海道の昭和新山のように，私の机の上では書類がどんどんと盛り上がっていく（注：今なお，私の机の盛り上がりは進行中であり，たまに突然の山崩れを起こす）。

　このような状態が続くと，だんだんと何処に何があるかわからなくなる。もし何かを探す必要が出た時には，捜し物を見つけるために，密林に入っていく探検隊のようになる。探し求めているものがすぐに見つからないことも多く，その探索に大量の時間を費やすことになる。要らないものは，きっぱりと捨てるといいのかもしれないが，後で必要になるかもしれないと思うと捨てられない。そして，思い切って何かを捨てると，そんな時にかぎって，後で必要になって，「ああ，しまった」と思うことも多い。いずれにせよ，私の机は（1）のような状態である。（注：特に言及する必要もないとは思うが，ここから本題に入る）

（1）書類が机に山積みになっている。

「山積みになる」という表現が表す出来事は，ある材料が1つの場所に集積されて山のような形になるというものである。ちなみに，（1）の文とほぼ同じ意味は，（2）のような形式でも表現できる。

（2）机が書類で山積みになっている。

（1）と（2）は，同じようなことを言っていても，ガ格で標示

される主語と後置詞句が異なる。（1）では，ガ格主語として「書類」が現れて「机」がニ格で標示されている。これに対して，（2）では，「机」がガ格主語で，「書類」がデ格で標示されている。（1）と（2）のように，1つの構文を（ほぼ）同じ意味を表す別の形式で言い換えができる場合に，**交替**（alternation）が可能であると言う。（1）と（2）の交替は，項の現れ方の違いに関するもので，（3）のような関係が成り立っている。

（3）a. 書類が（対象）机に（場所）山積みになっている

　　　b. 机が（場所）書類で（対象）山積みになっている

つまり，（1）と（2）では，主語に「対象」（置かれる物）が現れるか，「場所」（置かれる場所）が現れるかの違いで交替が起こっているのである。

　同じことが常に起こるわけではない。例えば，同じ「本を積む」という出来事が関わっていても，本屋さんでよく見る本の「平積み」では，構文の交替が起こらない。

（4）a. 新刊本が台に平積みになっている。
　　　b. *台が新刊本で平積みになっている。

交替が可能な（1）と（2）の「山積み」の例と，交替ができない（4）の「平積み」の違いは，外から見た形状に由来すると

考えられる。「山積み」の場合，書類が山なりになるほど，机の上に積み上げられているのに対して，「平積み」は，新刊本の表紙が見えるように，棚などに整然と並べてあることを意味する。

そして，まさに，この「積み上げ方」の違いが，「山積みにする」と「平積みにする」の例における交替の可能性を左右する要因となるのである。

　「山積み」と「平積み」の例において，なぜ交替の可能性が異なるかについて具体的に見ていくと，「山積みになる」の主語は，述語で述べられている行為が向けられた結果，変化を起こす対象を表す。そのため，(1)では「積まれる材料」である「書類」の状態が記述されている。これに対して，「机」が主語として現れている(2)では「机」の状態が記述されている。

　私の机は，書類が山のように積み上がって，机も外から見ると山のように膨らんでいるため，「書類」を主語にとる

（1）や「机」を主語にとる（2）の表現で，私の机の上で実現
されている状況が記述できるのである（注：正確には机の上
で観察される惨状である）。これに対して，「平積み」は，
新刊本が整然と並べられているので，（4a）のように「新刊
本」を「平積みにする」の主語にして，新刊本の整然と並ん
でいる状態についての記述ができる。しかし，「平積み」の
場合には，場所の「台」の形状が本を並べることによってど
うなるかについては指定されない。したがって，「台」が主
語になっている（4b）のような表現はできない。

　ことばを科学的に研究していると，仮説を立ててそれが成
立するかどうかを調べて検証することになる。そして，仮説
の検証には，しばしば他によりよい説明がないかを考える。
この話の仮説は，上で述べた説明である。そして，その仮説
の検証のために，私の机は雑然としすぎていてまともに仕事
ができるような状況にはないことから，（やや無理があるか
もしれないが）机の山なりの形ではなく，机の「雑然さ」が
（1）と（2）の交替を可能にしているという仮説（代案）を立
ててみる。（注：ここでの「雑然さ」は「だらしなさ」と同
じ意味を表すが，文法の記述に適したより中立的な用語であ
る）しかし，（5）のような例を見ると，場所の雑然さは（1）
と（2）の交替を可能にする要因ではないことがわかる。

（5）a．古タイヤが資材置き場に野積みになっている。
　　　b．*資材置き場が古タイヤで野積みになっている。

「野積み」は屋外に雑然と物が置かれている様子を指すが，

「野積み」をすることでは，（1）と（2）に相当する構文の交替は起こらない。これは，「野積み」による場所の変化が想像できないからである。つまり，「野積み」は，（5a）のように「古タイヤ」の状態を記述できるが，「資材置き場」の変化は記述できないため，（5b）は容認されないのである。

次に，交替が可能な「てんこ盛り」の（6）の例も，物が置かれる場所が山なりになっていることが（1）と（2）の交替を起こす要因であることを示唆するさらなる経験的な証拠を提示する（注：「経験的な証拠」という（専門）用語は，英語の empirical evidence から来ているが，なかなかナイスな訳語である）。

（6）a. 野菜がザルにてんこ盛りになっている。
　　　b. ザルが野菜でてんこ盛りになっている。

「てんこ盛り」は，何かが山のようにうず高く盛られることを表す。そのため，「てんこ盛り」の場合，「野菜」が主語になっている（6a）で，野菜の状態を記述することができ，また，「ザル」が主語になっている（6b）で，（山の形になっている）ザルの状態が記述できる。

これまで見てきた事実から，（1）と（2）の「山積み」の例において交替が起こるには，場所が「山」のようになっているということが必要なのであって，私の机の上で観察される「雑然さ」は関係ないという結論が得られる。つまり，この交替の要因は，場所が「山」のような形になっていることなのであるという最初の仮説（説明）の正しさが経験的に（経

験的な事実から）検証されたのである。

　私の机の状態（惨状）は，上で見たように，文法的に興味がそそられる題材を提供するが，現実としてはあまり褒められたものではない。このような状況を打破するには，一念発起して書類の整理をすればよいのであるが，残念ながら，それがなかなか実行できない。そのため，私の机の上の隆起は，さらに進行することはあっても，いっこうに収まる気配を見せないのである。

日本語で数をかぞえると、カラスの気持ちがわかる？

　私は，自分の子供が幼い時に，英語を教えようとして，子供をお風呂に入れた際に，英語で1から10までをかぞえさせようとしたことがある。お風呂から上がる時に，十分温まってから出るようにということで，one, two, three, four, five, six, seven, eight, nine, ten と10までかぞえさせたのである。10までのかぞえ方を教えることには，それほど手間はかからなかった。最初は，10までおぼえると，「その次は？」と言うので，20まで教えた。しかし，子供は飽きっぽく，数をかぞえることをすぐに嫌がるようになった（実際のところ，あまりたくさんかぞえすぎると子供は湯だってしまう）。それでも，十分温まってから，お風呂から出るようにしないといけないということで，とにかく「10まではかぞえなさい」と言った。しかし，子供は面倒くさかったようで，間引いて10までかぞえるようになった。one, two, four, ten とか，one, two, ten とかである。そして，そのうち，「いや〜」と言って，子供はかぞえるのを拒否するようになった。その結果，お風呂で子供に英語を教えようという私の目論見は無残にも崩れ去った。

　英語のかぞえ方は，それほど複雑ではないので，私の子供は少なくも1から10まではすぐにおぼえた。これに対して，日本語のかぞえ方は，よく考えてみると，思いのほか複雑でいくつかの方法がある。最も簡単なやり方としては，単

に数字を挙げていって，「いち，に，さん，しぃ，ごう，ろく，しち，はち，きゅう，じゅう」とかぞえることである。また，「ひとつ，ふたつ，みっつ，よっつ，いつつ，むっつ，ななつ，やっつ，ここのつ，とお」とかぞえてもいい。日本語の語彙には，大きく分けて，**和語**（native Japanese word；やまとことば），**漢語**（Sino-Japanese word；中国からのことば），**外来語**（foreign word；英語やその他の言語からの借用語）の**語彙層**（vocabulary strata）がある。「いち，に，さん」というのは漢語に基づくかぞえ方，そして，「ひとつ，ふたつ，みっつ」とかぞえるのは，和語に基づいたかぞえ方である。たまに耳にする「ワン，ツー，スリー」というかぞえ方は，英語からの借用で，外来語に基づくものである。

「ひとつ，ふたつ，みっつ」は，「ひい，ふう，みい」に**類別詞**（classifier）と呼ばれる「つ」が付いたことばである。1から10までかぞえると，すぐに気がつくことは，「とう」に類別詞の「つ」が付いていないことである。ちっちゃな子供もこれに気がつくことが多く，1から10までのかぞえ方を観察し，時々，「*とおつ」と言ったりする。（子供によっては，「*じゅっつ」と言うこともある。）子供は，規則を自分で見つけて，その規則を「とお」に当てはめて，存在しないことば（大人のことばにはない形式）をつくりだすのである。

「ひとつ，ふたつ，みっつ」というかぞえ方で，1から10までだけを見ると，10だけが類別詞が付かない例外のように思えるが，実はそうではない。10より大きな数字の

20は「はたち」、30は「みそじ」、40は「よそじ」というように続く（現在では、この言い方は、通常は年齢をかぞえるのにしか使わないようになっている）。これらには、「つ」は付かないので、「*はたちっつ」「*みそじっつ」「*よそじっつ」というようにはならない。端数については、「あまり」を続ける。例えば、11は「とうあまりひとつ」、23は「はたちあまりみっつ」となる。そうすると、「和語のかぞえ方」で「つ」が付くのは、一桁の数字だけということになる。つまり、「つ」が付くかどうかについては、10進法の区切りが問題になっているのではないのである。

　日本語において、一桁の数字を特別扱いにするのは、和語でかぞえる時だけではない。小学生が算数の時間に習う九九もそうである。小学校で暗記する九九の定型句を思い出していただきたい。例えば、2の段は、「ににんがし、にさんがろく、にしがはち、にごじゅう、にろくじゅうに、にしちじゅうし、…」のように続いていく。ここで、かけ算の答えの前に、「が」が付いているものと、「が」が付いていないものがあることに気がつかれただろうか。九九では、答えが一桁の場合には、その前に「が」入り、答えが二桁になると、「が」は入らなくなる。ここでも一桁の数字は特別扱いされているのである。（これは、もともとは、そろばんの桁取りを間違わないようにするためのものであったようである。）

　ところで、どのような数字に「つ」が付くかという問題とは別に、「つ」は基本的に無生物を表す名詞に付く。（「個」も無生物をかぞえる時に使用される。）これに対して「人（り、にん）」は人間、「匹」「頭」「羽」は動物に対して使用

される。したがって，「お菓子」は「みっつ」あるいは「さんこ」，人間は「ふたり」「さんにん」，動物は「さんびき」のようにかぞえる。その他にも，家を表す「軒」，長い物体を表す「本」など，形状や機能に基づく類別詞や，グループを表す「組」「対」などもある。類別詞の種類はきわめて多く，すべての類別詞の使い方を知っていて使いこなせる人は，おそらく日本にはそんなにいないと思われる。

　類別詞を伴う数字は，**数量詞**（numeral quantifier）と呼ばれることもある。類別詞が元になってつくられた数量詞で特徴的なことは，いくつかの異なる位置に現れることである。

（1）a.　子供が３つのお菓子を食べた。
　　　b.　子供がお菓子を３つ食べた。

（1a）は，数量詞「３つ」に「の」が付いていて，「お菓子」の直前に現れている。（1b）は，（「の」が伴わなければ）同じ数量詞が名詞のうしろに現れうることを示している。多少ニュアンスが違うかもしれないが，（1）の２つの数量表現は，「お菓子」の数を指定している。（1b）は，「が」のうしろに「３つ」が現れ，「お菓子」からは切り離されているため，数量詞が**遊離**（float）していると言われる。

　「つ」は基本的に無生物を表す名詞に付く。したがって，（2）は，人数をかぞえている場合には，おかしな表現になる。

（2）向こうで 3 つの子供が歩いている。

人間の頭数をかぞえる場合には，大人であろうが子供であろうが「人（り，にん）」を使うはずである。ただし，（2）の場合には，容認される解釈もある。それは，「3 つ」を「3歳」ととる解釈である。この解釈ならば，（2）は（意味的に）適切な表現になる。ここで注意してもらいたいのは，（2）で年齢を表す表現は，「子供」の数を指定しているのではなく，「子供」の特徴あるいは属性を指定していることである。人間の特徴や属性を表す表現は，文法上，無生物扱いになるため，ちっちゃな子供に，「○○ちゃん，いくつ？」と聞くと，子供は，人間（有生物）であり，当人は 1 人しかいないのにもかかわらず，何のためらいもなしに，「3つ」などと答えるのである。

　しかし，（7）のように遊離した位置に「3 つ」が現れると，この解釈はなくなる。

（3）＊向こうで子供が 3 つ歩いている。

（3）は，人間の「子供」をあたかも物（無生物）のようにかぞえているとしか解釈できないので，おかしな表現となる。「3 つ」が人間の属性の一種である年齢を指定しようとすると，「の」を伴った形しか使用することができないからである。

　（2）と（3）の比較から，人間の属性や特徴を指定するには，数量表現に「の」が伴っていなければならないことがわ

かる。同じことは，無生物についても言える。

(4) a. 13 インチのパソコンを買った。
　　 b. *パソコンを 13 インチ買った。

(4a)は，13 インチのディスプレイを備えたパソコンとい
う意味で，13 インチがパソコンの属性を指定している。こ
の意味は，(4b)のようにすると表すことはできない。(4b)
はパソコンを 13 インチで切り売りしているのを買ったとい
う意味になってしまうのである。これに対して，(5)の場合
は，どちらの表現も同じ意味を表し，意味的な逸脱は感じら
れない。

(5) a. 1 台のパソコンを買った。
　　 b. パソコンを 1 台買った。

(5a)と(5b)の「1 台」はともに，パソコンの数をかぞえて
いる。このように，単に数量をかぞえる解釈は，数量表現が
「の」を伴っていても伴っていなくても可能である。
　ここで，類別詞の「つ」が付いた歌詞がある有名な童謡と
して「七つの子」(野口雨情作詞／本居長世作曲)について
少し見てみると，この童謡には，(6)のような歌詞がある。

(6) からすなぜなくの，からすはやまにかわいいななつの
　　こがあるからよ。

(6)の下線部の「ななつのこ」には，先に見たような２つの解釈がある。まず，１つが「からすのこ」が７羽いるという解釈である。この場合，「つ」は，「からす」をモノのように見て数をかぞえている（動物をモノに見立てることは可能である）。そして，もう１つの解釈は，「からすのこ」が７歳であるというものである。どちらの解釈がいいのかについては論争がある。というのも，どちらも現実世界で起こるとは考えにくいからである。

　まず，カラスは，一度に卵を７つ産むことはないらしい。もしそんなにたくさん卵を産んでいてすべてかえってヒナになったとしたら，カラスのお母さんは，びっくりであろう。

この場合は，もしかしたら，他の鳥のヒナが紛れ込んでいるかもしれない。カッコウは，自分の卵を他の鳥の巣に産んで（托卵し），自分のヒナの世話をするのを免れようとするそうである。カラスの巣にカッコウのヒナが紛れこんでいたら，７羽ぐらいヒナがいても不思議はない。そんなヒナのい

るカラスの母さんは，そうとも知らずに献身的に子育てをするはずで，ヒナの餌をとってくるのにとても忙しくなり過労死するかもしれない。

　次に，「ななつのこ」が 7 歳のカラスであるという 2 つめの解釈であるが，これもあまり現実的ではないようである。というのも，7 歳のカラスは大人で，かわいい子供とはとても言えないからである。また，生まれてからずっと親の臑をかじり続ける 7 歳のカラスは，カラスの寿命から考えると，中年カラスであり，見た目は親と変わらないはずである。カラスの世界も生存競争が厳しいはずで，母さんカラスがそんな超甘えん坊の子供を 7 年も辛抱強く世話をするとは思えない。

　どのようなヒナがいるかについては，2 つめの解釈よりも 1 つめの解釈の方が少しは可能性が高そうには思えるものの，結局のところ，どちらの解釈も現実世界ではまずありえない。そうすると，どうすれば，矛盾のない解釈ができるかということが問題になり，人間なら 7 歳に相当するぐらいのカラスの子ではないかという提案があったりするようである。ただ，そうであったとしても，ヒナはかなりのビッグサイズになるはずである。ビッグサイズのヒナは，巨大な卵から生まれるはずで，カラスの母さんがどのようにして卵を産んだのかという問題も生じるが，そのことはとりあえず脇に置いておくにしても，巨大なヒナがかえったカラスの母さんは，大きなヒナを見てびっくりするにちがいない。

　私は，もともとあまり何も考えずに童謡を聞いているので，上で見た「七つの子」の論争については，そんなこともあるのかと思うだけである。それよりは，論文などを明確に曖昧さなしに書くよう訓練されていることもあり，どうすれば，解釈の曖昧性がなくなるかを考えたりする。「かわいいななつのこがある」と言うかわりに，「かわいいこがななつある」と言えば，年齢の解釈はなくなる。また，「かわいいななつになるこがある」とすると，数をかぞえる解釈はなくなる。しかしそれでは，ロマンも論争もなくなる。また，単に味気なくなるだけで，想像もかきたてられなくなる。

　童謡の「七つの子」の替え歌に「カラスなぜなくの？カラスの勝手でしょ」というのがあったが，きっと，カラスは，（どうでもよさそうな）このことばの論争を見て，「人間はなぜそんなしょうもないことをごちゃごちゃ言っているの？人間の勝手でしょ」と，カラス語の替え歌で，カアー，カア

ーと歌っているに違いない（人間の歌にすると，字余りでちょっとリズムがとれないようにも思うが，それは気にしないでおくことにする）。

大会発表賞の審査員が学会でする地味な仕事

　長い間ことばの研究をしてきた結果なのか，近年ことばに関する学会の仕事を依頼されるようになった。特に，論文の審査についてはよく依頼が来る。国内外の学術雑誌（ジャーナル）はもちろんであるが，最近では，学会の研究発表についてもちょこちょこと審査の依頼が来る。大会発表賞（呼び方は他にもいろいろある）の審査の仕事も，大きく言えば，自分の研究と関係する仕事の1つなので，できるだけ引き受けるようにしている（事情が許さない場合もある）。今回の話は，このちょこちょこ頼まれる学会賞の審査についてである。

　学会の年次大会などで，優秀な発表（発表論文）に対して学会賞を与えるようになったのは，文系，少なくとも語学系の学会では，比較的最近のことである。大会発表賞の有資格者は，若手に限定されることが多いので，（元若手の）私なんかは賞をもらえる可能性はない。また，今までそのような賞はもらったこともない。ちなみに，文化的な催し・行事で賞をとったことは，小学生の時に毛筆の習字で賞状をもらって以来まったくない（肉体を酷使する体育系のスポーツイベントは除く）。それでも，（受賞経験のない）私に学会賞の審査の依頼が来るのである。

　私の関係する学会の大会は，ほとんど週末に行われる。したがって，大会発表賞の審査を引き受けると，2つの意味で

「仕事を休みにする」ことになる。ここで得られる2つの意味は，この表現の曖昧性に起因するものであるが，おわかりになるであろうか。「仕事を休みにする」の1つの解釈は，「休日に仕事をする」ということで，休日であるにもかかわらず，「大会発表賞の審査の仕事をする」ということである。「仕事を休みにする」のもう1つの解釈は，「仕事を休業する」ということである。学会に参加する場合には，自分の研究のための情報収集や意見交換を行ったりするのであるが，学会賞の審査の際には，研究に必要な仕事（主に最新情報の収集）を一時的にストップすることになる。

　同じ表現でまったく異なる意味が表せるのは，「休み」に「休みの日」と「休業すること」という2つの意味があり，また，「する」が「仕事をする」という「行為」の意味を表したり，「仕事を休業にする」という，いわゆる**使役**（causative）の意味を表したりできることによる（ちなみに「休みに仕事をする」にすると意味の曖昧性はなくなる）。そうすると，ある人が新年の書き初めで，「今年は，仕事を休みにするぞ！」と書いたとすると，その書き初めは「休日返上で，一年中せっせと働くぞ！」と「今年は，年中仕事をせずにサボるぞ！」という2つの相反する意味にとることができる。この表現の曖昧性のため，その書き初めをした人は，休日にせっせと働くつもりなのか，仕事をまったくしないつもりなのかさっぱりわからないことになる。

　それはさておき，大会発表賞の審査は，学会が開催される現地に出向き，実際に発表を見てその発表を評価する。審査は，たいてい，1つの発表につき3名ほどが担当する。少

なくとも当日の審査は，審査員が発表者を含め聴衆には内緒で行うことになっている。そのため，（事前に集合して打ち合わせをしない場合には）審査員でさえ誰が審査をしているか知らないことが多い。聴衆の少ない発表会場へ行くと，それとなく，審査員がいることは発表者にわかってしまう気がする。もちろん，大人数の聴衆のいる会場ではその気遣いはない。

審査にあたっては，評価のポイントが前もって示されていることが多いので，それに従って評価をする。しかし，それにしても，審査には大変気を遣うことになる。その結果，興味を持って聞きに行った発表であっても，審査が終わった後に気がついてみると，発表の内容がほとんど頭に残っていなかったことも多々ある。

　気を遣う大会発表賞の審査が無事終わった後に（終了の安堵から）出てきそうなことばとしては，例えば，（1）のようなものがある。

（1）今日，私は口頭発表の審査をした。

そして，（1）が言っているのと同じ内容のことは，（2）のようにも表現できる。

（2）今日，私は口頭発表を審査した。

（1）と（2）の表現の基本的な違いは，「を」がどこに付くのかの差である。（1）では，「審査」に「を」が付いているが，（2）では，「口頭発表」に「を」が付いている。形式的に言えば，（1）では，「口頭発表の審査」が「する」の目的語として現れていて，「する」は単独で動詞として機能している。これに対して，（2）では，「する」が「審査」と組み合わさって「審査する」という**複合動詞**（compound verb）をつくり，「口頭発表」がその目的語になっている。（1）と（2）の２つの文は，論理的な意味が同じで，この２つの構文は**交替**（alternation）が可能である。

　「審査」のような名詞は，出来事を表す。このような名詞は，行為を表す一般的な動詞「する」と結びついて，複合動詞をつくってもよいし，「する」の目的語として現れてもよいため，（1）と（2）において，交替が成立するのである。「審査」のような出来事を表すタイプの名詞は，もともとは名詞のカテゴリーに入るが，動詞の一部として機能することができるので，**動詞的名詞**（verbal noun）と呼ばれることもある。動詞的名詞と「する」が組み合わされてつくられる構文は，述語の意味の主要な部分が動詞的名詞で表され，

動詞の「する」自体には意味があまりないので**軽動詞**（light verb）として言及されることがある。そのため「動詞的名詞」と「する」が組み合わされてつくられる構文は，**軽動詞構文**（light verb construction）と呼ばれることもある。

　ただ，常に（1）と（2）に見られるような構文の交替が許されるわけではない。私の担当した審査は大会発表賞の審査なので，（3）のように言ってもよい。

（3）今日，私は大会発表賞の審査をした。

（3）の形式は，「審査」に「を」が付いて，「する」が単独で現れているという点で（1）の形式と同じである。しかし，（3）を（4）の形式に変換することはできない。

（4）＊今日，私は大会発表賞を審査した。

（4）において，「大会発表賞」が「を」を伴い，「する」が「審査」と結合して複合動詞をつくる形式は，（2）の形式と同じである。しかし，（3）と（4）は同じ意味にはならない（つまり，意図した意味にならない）。そうすると，なぜ（1）と（2）では意味が同じになって，（3）と（4）では意味が同じにならないのかという問題が出てくる。この問題を解く鍵は，述語が表すことができる意味にある。以下ではそのことを具体的に見てみる。

　まず，（1）と（3）においては「する」が単独で動詞として

現れているが，この場合，「する」は，（何らかの）行為を行うという一般的な意味を表す。「する」は，他動詞なので目的語が必要であるが，目的語に具体的な行為を表す名詞を入れると，（5）で示しているように，「その行為を行う」という意味が表されることになる。

(5) {口頭発表の審査 / 大会発表賞の審査} ＋ する
　　　　　　　　　行為

(1)では，具体的な行為を表す名詞の「審査」が「する」の目的語として入るため，（1）は，「審査」という行為を行うという意味が表される。このことは，（3）についても同様である。

　これに対して，（2）と（4）の複合動詞の「審査する」では「審査」という特定的な行為が表される。そのため，「審査する」がとる目的語は，「審査」という行為の「対象」を表す名詞でなければならない。

(6) 口頭発表を ＋ 審査する
　　　対象

もちろん，（2）の「口頭発表」は審査の「対象」と解釈できるので，「審査する」の目的語として置くことができる。

　また，（1）の「口頭発表の審査」の中に現れる「口頭発表」は，「審査」という名詞の中に現れており「審査」をする「対象」として解釈できる。

(7) <u>口頭発表の</u> ＋ 審査
　　　　対象

そして，(7)の「口頭発表の審査」という名詞句全体が「す
る」の目的語として現れると，「する」が「口頭発表の審
査」という行為を行うという意味を表し，結局のところ，
(1)と(2)の文においては，ともに，「口頭発表」が「審査」
の対象として解釈され，同じ論理的な意味が表される。その
ことにより，(1)と(2)の間で交替が成立するのである。
　次に，(3)については，目的語の「大会発表賞の審査」が
「する」の行為を具体的に指定している。しかし，(3)の
「大会発表賞の審査」における「大会発表賞」と「審査」の
意味関係は，(2)の「口頭発表の審査」における「口頭発
表」と「審査」の意味関係とは同じではない。(3)の「大会
発表賞」の場合，賞自体は，審査の「対象」ではなく，いわ
ゆる審査の「目的」を表している。したがって，(3)の「大
会発表賞の審査」は「大会発表賞のための審査」と言い換え
ても意味はほとんど同じである。

(8) <u>大会発表賞（のため）の</u> ＋ 審査
　　　　　　目的

　これに対して，「審査する」のとる目的語は，「審査」の
対象を表さなければならない。したがって，(4)のような
「大会発表賞を審査する」という形式になった場合，「大会
発表賞」は審査の対象という意味にしかならず，(3)と(4)

は同じ意味にならないのである。そうすると，（3）に対しては，むしろ（9）のような言い換えの方が適当である。

（9）今日，私は大会発表賞のために審査をした。

（9）のような場合には，審査の「対象」を付け足して「学会賞のために口頭発表の審査をした」とすると，よりわかりやすいかもしれない。
　つまり，「〜の審査」の「〜」のところには，「審査」の「対象」を表す名詞以外にもさまざまな意味関係を表す名詞が入ることができるために，「〜の審査をする」と「〜を審査する」とは，「〜」の部分に入る名詞が同じであっても，必ずしも同じ意味を表さないのである。
　このことをさらに検証するため，（10）のような追加例を考えてみたい。

（10）学会発表の準備のため，発表者は徹夜の作業をした。

（10）の「徹夜の作業」は「夜を徹した作業」ということで，「作業」と「徹夜」の意味関係は（11）のようになる。

（11）徹夜（で）の　＋　作業
　　　　　　期間

「作業」に対して「期間」を指定する「徹夜」は，（11）のように「で」を伴うことができる。したがって，（10）の

「発表者は徹夜の作業をした」は，「徹夜」に「を」が伴う（12a）ではなく，「徹夜」に「で」が伴う（12b）と交替できるのである。

（12）a. ＊発表者は徹夜を作業した。
　　　 b. 発表者は徹夜で作業した。

「審査」や「作業」のような行為を表す動詞的名詞は，目的語に行為の対象をとらなければならない。他方，動詞的名詞の中に含まれる「の」を伴う名詞と動詞的名詞の間に成立する関係は，「対象」だけに限られるわけではなく，他の意味関係が成立することもある。（1）と（2）のの交替が成立するのは，行為を表す動詞的名詞の中に含まれる名詞句と「行為名詞＋する」の目的語が意味的に一致するからである。

　ここでまた「学会発表の審査」の話題に戻ると，先にも書いたように，大会発表賞の審査員は，発表会場に現れて，研究発表を聞き，審査をする。ただし，審査に際しては，誰が発表の評価をしているかがわからない，いわゆる「覆面審査」が行われる。これは，気を遣うけれども，実に目立たない地味な仕事である。審査をしている委員は，「覆面審査員」とでも言えるであろうか。ただ，ここでの「覆面」は，審査をしていることをその場では公表しないという意味であって，覆面をするという意味ではないので，審査員は，顔を覆面で覆って登場はしない。

　これに対して，プロレスの「覆面レスラー」は，文字通り覆面をして登場する。名前を伏せて登場しても，覆面をして

いないと覆面レスラーにならないのである。そう考えると，大会発表賞の審査でも，審査員が学会の会場にメキシコの覆面プロレスラーのような派手な姿で登場してきてもいいのではないかという気がしてきた。

審査員は，会場で審査をする中で，名前がばれないように審査していればいいのだから，覆面で登場してもいいはずである。実際に，学会発表の会場でそんなことが起これば，きっと話題沸騰となること間違いなしである。

メンデルの法則と おかたづけの遺伝子

　出張や旅行などで，いろいろなところを訪問すると，その地にゆかりのある歴史上の人物と関係する建物などが当時のまま保存され一般公開されていることがある。そんな場所に見学に行ったりすると，教科書でしか知らなかった歴史上の人物が当時暮らしていた家や仕事をしていた仕事場の様子を目の前で見ることができる。スイスのベルンではアインシュタインの家，ドイツのフランクフルトではゲーテの家，ライプチッヒでは音楽家のバッハがいた教会などを見た記憶がある。他にもいろいろ見たようにも思うが，最近見た少し珍しいところでは，「メンデルの法則」で有名なメンデルが実験に使ったエンドウ豆を育てていた庭というのがある。

　メンデルがエンドウ豆を育てたのは，チェコのブルノにある修道院の庭である。最初は知らなかったのであるが，当地に着いた後に，そのことが旅行のガイドブックに載っているのに気がついた。そこで，空いた時間を使ってその庭がある修道院を見学することにした。現在では，どうも地元の大学が管理しているようであるが，修道院の庭は，開館時間内なら無料で自由に入って見ることができた。その庭は，壁に囲まれた小さな庭で，一角にメンデルがここで実験に使ったエンドウ豆を育てたという案内板があった。

しかし，現在，その庭ではエンドウ豆が育てられているわけ
ではなく，単に芝生が生えていただけであった。その横にメ
ンデルの法則がどのようにして解明されたかという，みんな
が知っていそうな解説をした展示のある建物があった。私の
目から見ると，ついでのような感じの展示であったが，（そ
のわりには）こちらは有料であった。

　メンデルの法則を知っているか知っていないかにかかわら
ず，私たちは，子供が親に似ている（あるいは，似る）とい
う事実を知っている。メンデルの法則は，これが遺伝子に由
来することを教えてくれる。しかし，何が遺伝によって受け
継がれるかについては，実際には，よくわからないところも
多い。親と子で顔が似ているというのは，おそらく，遺伝子
が大いに関係しているであろうが，親と子の性格や行動が似
ているのはどうであろうか。これについてはよくわからない
が，家族は長い時間一緒にいることが多いので，おそらく，
遺伝子よりも環境が大いに影響しているのではないかと思わ

れる。しかし，親子で性格や行動があまりによく似ていると，遺伝子が関わっているのかとも思いたくなる場合がある。そんな時には，家族の間でちょっとした論争が起こる可能性がある。そのことを自身の経験から少し考えてみたい。

　ここで，以前，私の整理ベタがたたって，仕事をする机の上が書類などで山のように盛り上がっていることを紹介したことを思い出していただきたい（エッセイ（4））。その際に考察した文は，（1）のような「山積みになる」の例である。

（1）a. 書類が私の机に山積みになっている。
　　　b. 私の机が書類で山積みになっている。

（1）の2つの文は，「私の机」と「書類」に伴う助詞が異なっていても基本的に同じ意味を表すことができ，**交替**（alternation）が可能である。この交替の関係は，（2）のように示せることは，以前に述べたとおりである。

（2）a. <u>書類が</u>（対象）<u>私の机に</u>（場所）山積みになっている

　　　b. <u>私の机が</u>（場所）<u>書類で</u>（対象）山積みになっている

私の整理ベタは，究極的には自身の「不徳のいたすところ」であるが，どうもこの私の「性格」（「性質」と言うべきであろうか？）は遺伝するようで，私の子供のすることは，（少なくとも小さい頃は）私と瓜二つであることがしばしば

あった。奥歯にものが挟まったような言い方であるが，これ
は単刀直入に言うと，私の子供も整理するという芸当がまっ
たくできないということである。そのため，子供部屋は，
（3）のような状態であることが多かった。

（3）a.　おもちゃが床一面に散らかっている。

　　　b.　床一面がおもちゃで散らかっている。

（ただし，子供のいる部屋は，親が整理することがあるの
で，（3）の表現は多少誇張気味ではある。）（3）もまた，（1）
と同様の交替を起こすことができる。（3）の「散らかる」の
2つの文では「床一面」と「おもちゃ」に現れる助詞が異な
るが，基本的に同じ意味を表すことができるのである。この
関係は，（4）のように示すことができる。

（4）a.　<u>おもちゃが</u>（対象）<u>床一面に</u>（場所）散らかっている

　　　b.　<u>床一面が</u>（場所）<u>おもちゃで</u>（対象）散らかっている

「山積みになる」と「散らかる」では，置かれている物が上
方向に伸びていくか平面に広がるかの違いはあるものの，結
局，乱雑であることには変わらない。興味深いことに，「山
積みになる」と同様に，「散らかる」も同じ2つの文の形式
で交替が可能なのである。

さらに言えば，子供は，整理がちゃんとできないために，捜し物にやたらと無駄な時間を使うことになる。これも私と同じ（瓜二つ）である。子供が小さい時は，子供が机の上に置いてあった物をなくして見つけることができないと，しばしば「仕方がないな〜」と言いながらも，子供に代わって，私と妻が家の大捜索をすることになった。

　大捜索の末に，こちらがやっとの思いで捜し物を見つけると，子供の方は，「任せたよ〜」って感じで，涼しい顔をして，おもちゃで遊んでいたりした。それを見ると，イラッとして，（自分のことは棚に置いて）子供に「お片付けしないから，こうなるんだ」とか「机の上ぐらいはちゃんと片付けなさい」と言ったこともある。そして，「片付ける」は（5）のような文の形をとることができる。

（5）机を片付けなさい。

（5）の「机を片付ける」には，2つの解釈があることにお気づきであろうか。（5）が発話された文脈からすると，妥当な解釈は「机の上にあるものを取り除いて何もないようにする」というものである。しかし，もう1つの可能な解釈が

あり，それは，「机そのものをどこかに持っていってしまう」というものである。1つめの解釈は，(6)のように図示することができる（φは表面上表現されないことを表す）。

(6) <u>机に</u>（場所）ある<u>物</u>（対象）を片付ける

　　　<u>机を</u>（場所）片付ける

φ

つまり，1つめの解釈では，現実世界で取り除かれる対象は，机の上にある物であるが，これは表現されず，場所が目的語として現れている。これに対して，2つめの解釈では，「机」が取り除かれる物になる。

(7) 子供部屋（場所）にある　<u>机を</u>（対象）片付ける

φ

　　　　　　　　　　　　　<u>机を</u>（対象）片付ける

このことから，(5)の文の「机」は，2つの異なる意味的な役割を果たせることがわかる。(5)の1つめの解釈では，「机」は，取り除かれる（動かされる）物が置かれている「場所」になるが，(5)の2つめの解釈では，机が子供部屋から取り除かれる（動かされる）「対象」になる。
　そうすると，「片付ける」では，目に見える形ではないものの，「山積みになる」や「散らかる」と同じように交替が

起こっていると言える。「山積みになる」場合は，場所を山のように何かでいっぱいにするという意味があり，「散らかる」では，何かが平面的に乱雑に一面に広がっているという意味があるために，構文の交替が可能になっている。そして，「片付ける」では，ある場所に存在した物がすべてきれいさっぱりと取り除かれてしまうという意味を表すために，交替が可能になっている。

　子供は，両親から遺伝子を半分ずつもらって生まれる。そのため，子供は，どちらの親ともある程度似たところを持つようになる。子供は，親のいいところを似てくれればいいのであるが，大抵は悪いところが似るようである。そのため，子供に変な性格があると，どちらから遺伝したのかというのが親の間で論争になる。親の間で「この子のここのところは，あなたの遺伝子なのよ」「いいや，それは絶対そっちの遺伝子だ」のように論争が起こるのである。

　普通の子供なら，親に(5)のようなことを言われ，叱られると，(6)の意味にとって，机の上にあるものを泣く泣く片付けることであろう。ただ，(5)には(7)の意味もあるので，子供によっては，(5)の文を(7)の意味にとって，机を家の倉庫かどこかに押し込んでしまっても不思議ではない。(7)のような行為をする子供は，親の言ったように机を片付けたと主張し，勉強などもう一切しないと言うかもしれない。こんなことを言い出す子供はおそらくかなりユニークな性格を持っている。この性格も遺伝子が関係しているのであろうか。もちろん，これも環境によって出てきたものかもしれないが，もし遺伝子が原因だとすると，ここで頭をもたげ

てきている遺伝子は，自己主張の強い遺伝子である。厳しい環境で人類が生き残るには，自己主張が強くユニークな遺伝子の方が平凡な遺伝子よりも有利なので，自己主張の強い遺伝子が出てきやすいようである。子供のユニークな行動を動機づけるこの自己主張の強い遺伝子はどんな親からもたらされるのであろうか？

「おとうさんの背中」と「トイレ」を同列に扱う意外な理由

　文法の上では，接続助詞の「と」を使って「AとB」のように表現すると，AとBには対等なものが入ると言われる。「AとB」という単純な形式の表現は，しばしば，絵本，小説，映画のタイトルなどでも見られる。思いついたものをいくつかあげてみたい。「プーさんと大嵐」「ぐりとぐら」「白雪姫と7人の小人」「ライオンと魔女」「男と女」「美女と野獣」「アナと雪の女王」「高慢と偏見」「チャーリーとチョコレート工場」「ジキル博士とハイド氏」「ロミオとジュリエット」「夜と霧」「オオカミと7匹の子ヤギ」「ハリーポッターと賢者の石」「ハリーポッターと秘密の部屋」「はちみつとクローバー」「王様と私」「秘密と嘘」「ハンナとその姉妹」「トリスタンとイゾルデ」「ジャックと豆の木」「運動靴と赤い金魚」「セーラー服と機関銃」などなど。

　上で挙げたタイトルのうち，いくつご存じであろうか（私は，すべてを見たり読んだりしたわけではなく，内容を知らないものもある。）接続助詞の「と」は，対等なものを並べて**等位接続**（coordination）をするはずであるが，タイトルなどについては，一見したところでは，対等でないものが並んでいることも多い。もちろん，上に挙げたものの中には，教科書的に，同じような立場のものを並べたタイトルもある（「男と女」「高慢と偏見」「ぐりとぐら」「オオカミと7匹の子ヤギ」など）。

しかし，単に，「ハリーポッターと賢者の石」「プーさんと
大嵐」「チャーリーとチョコレート工場」などのように，主
人公と物語のモチーフを「と」で結んだものも多い。これだ
と，別に「と」は使わずに，（だいぶ雰囲気は変わるかもし
れないが）「ハリーポッター：「賢者の石」編」とか「プー
さん：大嵐の巻」みたいにしてもいいだろうし，最後のは，
「チャーリーのチョコレート工場」でもよさそうな気がす
る。もう１つは，「はちみつとクローバー」「運動靴と赤い
金魚」「セーラー服と機関銃」のように，一見するだけで
は，なぜ「と」でつながっているかわからないものがある。
これらは，物語の内容がわかれば，なぜ「と」でつながって
いるのか理解できるというタイトルである。

　今回の話のタイトルでは，上で見たタイトルの例と同じよ
うに，「おとうさんの背中」と「トイレ」が「と」でつなが
れている。この２つの表現は，先のタイトルの３つめの分

類と同様に，一見，何のつながりがあるかわからないかもしれないが，ある文法の文脈では，対等の立場に立つ。具体的には，この２つの表現は，動詞の**自他交替**（transitivity alternation）の見地から，「と」でつなげて並べられているのである。以下ではそのことについて考察したいと思う。

　まず，「自他交替」とは何かという話から始めると，日本語の他動詞と自動詞でペアとなる動詞は，「割る / 割れる」「開く / 開ける」「上がる / 上げる」「凍る / 凍らす」などのように形態的につながりのあるものが多い。

（１）a.　子供が窓を壊した。
　　　b.　窓が壊れた。

（１）の自動詞文と他動詞文では，「窓が壊れる」という意味の部分が共通なので，この２つの文では，他動詞と自動詞が交替を起こしている（「自他交替」を起こしている）と考えることができる。（１）の自他交替で具体的にどのようなことが起こっているかを見ると，（1a）の他動詞文では，行為者（「子供」）を表す項と行為の向けられる対象（「窓」）を表す項がそれぞれ，主語と目的語として現れているが，（1b）の自動詞文では，行為の対象を表す項（「窓」）が主語として現れ，行為者を表す項（「子供」）は現れていない。

　このタイプの交替はさまざまな動詞で観察されるが，以下では，主に，動詞の「流す / 流れる」の交替について見てみたい。この動詞は，（２）からわかるように，（１）と同じタイプの交替を起こすことができる。

（2）a. 子供が（川に）七夕飾りを流した。
　　　b. 七夕飾りが流れている。

（2）の「流す」と「流れる」は，自他交替が関わり，行為者項の有無に違いがあるが，対象（「七夕飾り」）の変化については，同じ意味を表す。（2）のような文を見ると，昔からの風習で「七夕飾りを流す」あるいは「七夕飾りが流れている」情景が目に浮かぶ。

　しかし，同じ「流す / 流れる」のペアでも，自他交替ができない場合がある。例えば，（3）のような例である。

（3）a. 子供がおとうさんの背中を流した。
　　　b. ＊おとうさんの背中が流れた。

昔のように，おとうさんに威厳があり，敬意をもって扱われるならば，（3a）のような光景は，ありうるであろう。（近頃では，珍しいかもしれない。）しかし，（3a）は，（3b）と交替することはできない。これはなぜであろうか？

　答えは，自他交替の性質に隠されている。（1）や（2）の自他交替は，他動詞の目的語が変化する対象あるいは移動する対象を表している場合に可能になる。（1a）の他動詞文の目的語の「窓」は，子供に壊される対象なので，（1b）の自動詞文では，その対象である「窓」が主語として現れる。同様に，（2a）の他動詞文の目的語の「七夕飾り」は，「流す」対象を表す。したがって，（2b）の自動詞文の主語として「七夕飾り」が現れることができる。

これに対して，（3a）の「おとうさんの背中」はどうであろうか。背中を流す場合には，「流す」対象は，「背中」ではなく，（お風呂に入っているならば）「お風呂のお湯」のはずである。しかし，（3a）の他動詞文で目的語に現れているのは，「お風呂のお湯」が流される場所の「お父さんの背中」である。「背中」は，「流す」行為が起こっても変化も移動もしない。つまり，お父さんの背中は，流しても川でブカブカ浮くようになるわけではないのである。このように，「お父さんの背中」は，「流す」の対象としては認知されないため，（3b）のように自動詞文の主語として現れることができないのである。

　似た例として，「刺す」を考えてみたい。「刺す」で特に興味深いのは，（4）のように，同じ出来事を2通りの表現で表すことができる点である。

（4）a．ヒーローは巨大な岩を刀剣で刺した。
　　　b．ヒーローは刀剣を巨大な岩に刺した。

他動詞の「刺す」には，対応する自動詞として「刺さる」がある。そして，（5）に示されているように，「巨大な岩」は自動詞文の主語として現れないが，「刀剣」ならば自動詞文の主語にすることができる。

（5）a．＊巨大な岩が刀剣で刺さった。
　　　b．刀剣が巨大な岩に刺さった。

(5a)がおかしな文であるのに対して，(5b)が自然に聞こえるのには理由がある。先に見たように，他動詞の目的語が自動詞の主語として現れるには，目的語が変化あるいは移動の対象を表していなければならない。「刺す」という行為が行われた場合，移動の対象となるのは，「刀剣」であって，「巨大な岩」ではない。したがって，「巨大な岩」が自動詞文の主語に現れる(5a)はおかしく聞こえる。これに対して，「刀剣」ならば移動の対象と認知されるので，(5b)のように自然に自動詞文の主語に現れることができる。

　(3)や(5)と同じ現象は，(6)においても観察され，(6a)の他動詞文の目的語は，(6b)の自動詞文の主語と交替することができない。

(6) a.（用を足すとすぐに）子供はトイレを流した。
　　 b. ＊トイレが流れた。

(6a)の「トイレ」は，子供が「流す」対象ではなく，トイレで流すものは「水」である。(6a)の「トイレ」は，通常の解釈では，「水」を流す場所であるため，川に浮かんで流れているようなことはない。(6a)の他動詞のとる目的語は場所で，場所は移動の対象にならない。したがって，(6a)の目的語が自動詞の主語になっている(6b)はおかしく感じられるのである。そして，実際に流すもの（移動物）を目的語にとっている(7a)は，(7b)の自動詞文と交替してもよい。

(7) a. （用を足すとすぐに）子供はトイレの水を流した。
  b. トイレの水が流れた。

(6a)と(7a)の他動詞文では，「トイレ」と「トイレの水」が目的語に現れているが，変化の対象と認められる本来の目的語は，「水」である。しかし，場所の「トイレ」は，流す水と密接に関係する場所なので，「流す」の目的語として現れることができる。この文の形は，（レトリックの用語で）隣接性に基づく**換喩**（metonymy）により可能になっていると考えられる（日本語でも「メトニミー」と言うことがある）。もっとも，想像力を働かせれば，「トイレ」も自動詞文の主語になれる可能性はある。例えば，洪水が起こって，「家屋」や「家財道具」，そして「トイレ」が川に流されている状況では，「トイレが（川に）流れていた」という表現はもちろん成り立つ。洪水の状況では，「トイレ」が「流される」移動物として認識されるからである。

　「流す」に現れる「トイレ」と同じタイプの場所の目的語は，「水」と関係していれば，すぐに許容されてもよさそうに思うが，そう簡単ではない。「*台所を流す」「*プールを流す」「*ホースを流す」「*蛇口を流す」など，できないものが多く，「トイレ」以外にすぐに思いついたものは，「水道を流す」くらいしかない（ただし，「*水道管を流す」は変である）。どういう場合に，場所表現が目的語に現れるのかという問題は複雑なので，このことについて，さらに考えてみるのもいいかもしれない。

　ここまで来るとおわかりになると思うが，「おとうさんの

70

背中」と「トイレ」は，他動詞「流す」の場所の目的語として現れるが，自動詞「流れる」の主語としては現れることができないという性質を共有している。この意味で，「お父さんの背中」と「トイレ」は，等位接続される同じ立場の名詞句の部類に入る。

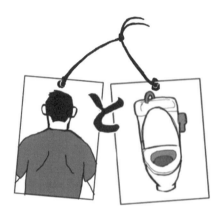

日本語の「流れる」と「流す」では，「お父さんの背中」と「トイレ」が同じ立場に立つので，この2つの表現が「と」で結びつけられて，今回の話の一見奇妙なタイトルが成立するのである。（もちろん，背中を流してもらうのはお父さんだけに限ったわけではないものの）私的には，この2つ同列に扱ってほしくないと思う。しかし，これは，単に文法でそんなことがあるというだけなので，まあ仕方ないと諦めるしかない。

エッセイ
9

体育の号令が忠実に実行されると
目にすることになる光景

　昔からの友人の中には，学校の勉強は好きでも体育だけは
ダメという人（文化会系人間，あるいはインテリっぽい人）
がいたり，逆に学校の勉強は嫌いでも体育だけは好きという
人（体育会系人間，または肉体派）がいたりした。私はどち
らかというと体育会系だったように思う。体育の時間に球技
があると楽しかった。ただ，体育祭などの前になるとやたら
組み体操や行進など集団で行う出し物の練習をさせられたの
はちょっと好きになれなかった。体育祭の集団演技は，肉体
を使ったパフォーマンスで，その練習方法は究極のパターン
プラクティスであると言えるであろう。英語もこれくらいパ
ターンプラクティスをすると上達すると思うが，なぜか最近
は嫌われる。体育祭で集団で行う競技では，全員が統一のと
れた行動をする必要があるので，体育の先生が「右向け右」
「前に進め」（または「前へ進め」）「回れ右」「止まれ」「前
にならえ」（または「前へならえ」）「なおれ」「気をつけ」
「休め」など，やたら号令をかけていたのを思い出す。

　号令は固定した表現なので，勝手に変えたりすることはで
きない。そのため，「右向け右」を「右向け左」と言ったり
すると，聞いている人は一体何をしていいのかわからなくな
る。聞いたままにやろうとすると，右に体を曲げようとして
いるところを，急に左に向かなければならなかったりするの
で，なんとなく「あっち向いてほい」をやらされている気分

72

になる。

　号令でやることも決まっている。号令は，簡潔な表現なので，すべてを表現するわけではなく，号令に従ってする動作は前もって指定されている。一列に並んできちんと整列する時には，「前にならえ」というかけ声がかかって，両手を前に出して間隔を測り，等間隔に並ぶようにする。間隔があまりない場合には，「小さく前にならえ」という号令で，腕を折り前との距離を小さくとって整列する。ただ，「小さくならえ」はあっても，「ごく小さくならえ」や「大きくならえ」や「中ぐらいにならえ」はない。また，「回れ右」はあっても「回れ左」や「回れうしろ」はない。「回れ」の号令には，「前後・左右」のうち，「右」しかないのも不思議である。

　表現を自由に変更できない号令ではあるが，文法的に見て興味深いのは，動詞が命令形で現れ，号令の一部に，「前に

ならえ」や「気をつけ」のように，動詞のとる項に格標示が
現れるものがあることである。この形式自体は，命令文の形
式である。しかし，号令は，（1）のように，「する」の目的語
（ヲ格目的語）として現れることができるので，全体として
は名詞として機能していることがわかる。

（1）a．こうやって「前にならえ」をするんだ。

　　　b．それじゃ「気をつけ」をしていることにならない。

（1）では，「前にならえ」や「気をつけ」が行為を表す動詞
「する」の目的語として現れている。号令の中に現れている
「に」や「を」といった格助詞は，通常，文の中に現れる要
素であるが，号令自体は，文としては機能せず，（1）のよう
に，文中に入ると，一語にまとまった「名詞」として働くの
である。

　名詞に付く「に」や「を」のような**格助詞**（case
particle）は，環境によっては，他の格助詞に置き換えら
れる。例えば，「走る→走り方」のように，動詞に「-方」と
いう**接辞**（affix）を付けると**名詞化**（nominalization）が
起こり，動詞由来の名詞がつくられる。こうしてつくられた
表現では，動詞の項を維持することができる（あるいは項は
表出させずに省略してもよい）。項が現れる場合には，（2）
のように格助詞が変化する。

（2）a．あの人が走った　→　あの人の走り方

　　　b．本を読んだ　→　本の読み方

　　c.　壁にぶつかった　→　壁へのぶつかり方

(2)からわかるように，動詞から「方」の名詞化表現がつくられた場合，動詞がとる項に現れる格助詞の「が」「を」は「の」になり，「に」は「への」になる。そして，もとの格助詞が変換されずにそのまま残ってしまうと，「*あの人が走り方」「*本を読み方」「*壁にぶつかり方」のように非文法的な表現になる。

　これに対して，号令を含む表現を「方」の接辞を付けることによって名詞化すると，号令に含まれる格助詞はそのままの形で現れる。

(3)　a.　前にならえをする　→　前にならえのし方
　　b.　気をつけをする　→　気をつけのし方

(3)で示されているように，号令が「する」の目的語として現れていて，「方」により名詞化を受けた場合，号令のうしろに来る「を」は「の」に変わる。そして，もし号令の中に含まれる格助詞が(2)と同じように変換されてしまった場合は，「*前へのならえのし方」と「*気のつけのし方」となり非文法的になる。

　文レベルの文法規則でつくられ，格助詞を伴う通常の句の表現は，「方」の名詞化表現の内部に現れると，(2)のように助詞が変換されなければならない。しかし，この規則は「前にならえ」や「気をつけ」には当てはまらない。このことは号令の内部に現れる助詞に文の文法規則が及ばないとい

うことであり，もともと句の表現であったものが，まとまっ
て複雑な語になったことを示している。つまり，「前になら
え」や「気をつけ」のような号令自体は，文としては機能せ
ず，全体として一語（名詞）として働くのである。

　通常は，句の表現は，文法規則に従って組み立てられるの
で，私たちの頭の中にある**レキシコン**（lexicon）（**心的辞
書**（mental lexicon）とも呼ばれる）には登録されない
が，表現として固定化されると，レキシコンに複雑な語とし
て登録される。そして，複雑な形態を持った表現でも語とし
て認識されると，文法の規則は及ばなくなる（このような原
理は，**語の緊密性**（lexical integrity）と呼ばれる）。号令
の「気をつけ」のような助詞を含む固定表現は，もともと句
の表現であったものが，一語化することによってできたと考
えられる。句としての複雑な形態を持っていても一語として
機能する表現は，**句複合語**（phrasal compound）と呼ば
れる。

　ここで先の号令の話に戻ると，「前にならえ」は，よくよ
く考えてみると不思議な号令である。どうもあまりよく考え
られずにつくられた表現が定着してしまったような気がす
る。というのも，「ならえ」はもともと「倣う」から来てい
るので，文字どおりの意味でとれば，前の人のやっているこ
とを真似するという意味になる。そうすると，もし前にいる
生徒がふてぶてしい態度をとっていて，その時に，先生が
「前にならえ」という号令をかけたら，うしろに並んだ生徒
も同じようにふてぶてしい態度をとるという行動をしてもよ
いはずである。また，あくびをしている生徒が前にいる時

に，先生が「前にならえ」という号令を出したら，あくびを
することになってもいいはずであるが，そうはならない。

　また，「前にならえ」の号令は，一列に並んだ集団に対し
てかけられるが，この号令がかけられると一番前にいる人
は，（慣例として，腰に手を当てる動作をするものの）文字
通りの意味で使っているとしたら，本当のところはどうした
らいいかわからないはずである。必ず前に人がいるようにす
るには，一列ではなく，円になって並べばよい。だが，たま
たま，もぞもぞ動いている人がいて，そこに「前にならえ」
の号令が出ると，（前に倣って同じ動作をするわけなので）
その列はフォークダンスの集団みたいになってしまう。実際
に，そんなことをしていたら，先生から「ちゃんと『前にな
らえ』をしろ！」と言われることになる。そんなことを言わ
れるとなんとなく理不尽なことを言われていると感じてしま
うのは，私だけであろうか？

エッセイ 10 感情表現が絡むとおかしなことに なる人間関係のむずかしさ

　「理性」と「感情」は，おそらく二律背反するものではないものの，対立することがある。テレビでドラマを見ていると，人間関係が複雑に絡まるものにそのようなことが描かれているものが多い。特に，恋愛関係を描くものは，そうである。恋心は理屈ではうまくいかない。恋愛ドラマの登場人物は，論理的に考えれば，そんなことをするはずがないのに，なぜか変な方向に行動してしまい，その結果，人間関係がこじれたりおかしくなったりする。感情や恋愛には，理屈が通じないとすれば，これは当然でもあるが，私から見れば，「なんでそうなるの？」となってしまう。

　ことばについて研究する際には，ことばに隠された規則や法則を見つけ出す作業をする。そのためには，理性や論理が必要で，現象を人に納得してもらうように説明するには論理性が必要となってくる。人間はことばでさまざまなことを表現するため，感情や感覚を表す表現が豊富である。実は，感情や感覚を表す表現は，理屈が通らない不思議な性質を示すことがある。今回は，そのような感情を表す表現について少し考えてみたい。

　日本語の感情を表すことばのうち，好き嫌いを表すものには，「好き」がある。「好き」は，感情を表し，後に「だ」が続くので，範疇的には形容動詞に入るが，文法的に見ると，理屈が通らないような振る舞いを示すことがある。まず，「好

78

き」は，述語として使用されると，(1)のように，ガ格の名詞句を2つとる。このような述語は，**二項述語**（two place predicate）と呼ばれることがある。

(1) あの男の子がこの女の子が好きだ。

述語がとる主語や目的語のような名詞句は**項**（argument）と呼ばれる。形容詞や形容動詞の述語は，項を1つだけとることが多いが，(1)のように項を2つとるものもけっこうある。意味的な観点から見ると，(1)の文で，最初に現れるガ格の「あの男の子」は，「好き」という感情を持っている主体，すなわち，**経験者**（experiencer）を表す。次に現れるガ格の「この女の子」は，「好き」という感情が向けられる**対象**（theme）を表す。

「好き」のような述語で特徴的なのは，ガ格項を2つとることである。伝統的な日本語文法では，ガ格項はすべて主語であるとすることもあったため，(1)は，主語が2つあると考えることもできる。しかし，ガ格の標示がある項でも主語であったり目的語であったりするという主張も存在する。そうすると，ガ格項を2つとる「好き」では，どの項が主語であるかという問題が出てくる。

さすがに，「好き」は，感情を表すだけあって変な述語のようである。というのも，「好き」は，(2)のような格のパターンも許すからである。

(2) あの男の子がこの女の子を好きだ。

日本語では，ヲ格を伴う目的語は，出来事を表す他動詞述語文で現れ，形容詞・形容動詞の述語文では，通常，述語が2つの項をとってもヲ格項は現れない。したがって，「私はテニスが下手だ」とは言えても「*私はテニスを下手だ」とは言えない。述語の「好き」はヲ格項をとれるという点において少し変わっている。この変わった性質のおかげで，「好き」がとる左から2つめのガ格項が目的語であることがわかり，そのため1つめのガ格項は主語であると言えそうである。

　次に，ガ格項の1つが「チョコレート」のような人間以外が現れる文を見てみると，「チョコレート」は左から2つめのガ格項にしか現れないことがわかる。

(3) a. この女の子があのチョコレートが好きだ。
　　 b. *あのチョコレートがこの女の子が好きだ。

(3a)には，通常の解釈である「あのチョコレートがこの女の子の好みのお菓子だ」という解釈があるが，(3b)は，「あのチョコレートがこの女の子を好いている」という変な解釈しか得ることができない。

チョコレートは，人間とは違って感情の主体となれないこと
は明らかなので，論理的に考えれば，（3b）の2つめのガ格
項を経験者と解釈できてもよいはずである。しかし，（3）の
2つの例は，1つめのガ格項が感情の経験者であって，2
つめのガ格項が感情の経験者になることがないということを
示している。もっとも，ファンタジーによくあるようなチョ
コレートが人間と同じように振る舞う文脈では，（3b）で得
られる解釈は，納得のいくものになると思う。チョコレート
がその子を好きであるなら，きっとチョコレートの方から女
の子のところに集まってきて，女の子は大喜びすることにな
るであろう。

　（3b）は，論理的に考えれば，2つめのガ格項を経験者と
解釈できてもよいはずであるが，不思議なことにそれができ
ない。しかし，さらに不思議なことに，（4）のような文で
は，意図するような解釈が可能である。

（4）あのチョコレートはこの女の子が好きだ。

（4）では，「あのチョコレート」には，「が」ではなく「は」
が伴っている。この場合は，「あのチョコレート」と「この
女の子」の並びは（3b）と同じであるが，（「あのチョコレー
トがこの女の子を好いている」というファンタジーの文脈の
解釈とともに）「あのチョコレートがこの女の子の好みのお
菓子だ」というもっともな解釈が得られる。

　（4）のように，ガ格項に「は」を付けるだけで，（3b）で
はできなかった解釈が突如できるようになる。そうすると，

（4）と同じように「は」が1つの項に付いた（5）も2つの解釈が可能であることが期待される。

（5）この男の子はあの女の子が好きだ。

期待通り，（5）に対しては，感情が向けられる「男の子」が「好き」という感情の経験者となる解釈と，対象となる解釈ができる。つまり，「この男の子があの女の子を好いている」という解釈と，「あの女の子がこの男の子を好いている」という解釈という，正反対の解釈が可能になってしまうのである。

　（5）のような文は，混乱を引き起こす原因となりうる。例えば，「○○ちゃんが，△△ちゃんを好きだって，そして，××ちゃんと□□ちゃんも」という噂を聞いて，好き嫌いの噂の真相を確かめるため，事実を知っている人に対して「誰が誰を好きになっているの？」という質問をしたと考えてみ

よう。そのような文脈で，この関係を知っている人がうっかり(5)のように答えてしまうと，本人がどういうつもりで言っているかにかかわらず，聞いている人にとっては，何がどうなっているのかさっぱりわからなくなる。

「好き」が述語に現れる構文において，上で見た正反対の解釈は，項に「は」を付けた場合だけではなく，(6)のように，**名詞修飾節**（noun-modifying clause）をつくった場合にも可能になる。

(6) [この男の子が好きな] あの女の子

(6)の１つの可能な解釈は，「この男の子」が感情の向けられる対象となり，「あの女の子」が感情の経験者となる「この男の子を好いているあの女の子」という解釈である。もう１つは，「この男の子」が感情の経験者となり，「あの女の子」が感情の対象となる「この男の子が好意を持っているあの女の子」というまったく逆の解釈である。

ちなみに，「子供好きの人」という表現は，「人」が感情の経験者で「子供」が感情の向けられる対象となる「子供を好きな人」という意味になる。しかし，「子供好き」のうしろに「する」を続け，「子供好きのする人」という表現になると，「子供」が感情の経験者で「人」が感情の向けられる対象となる「子供が好感を持ちやすい人」という正反対の解釈が得られる。「子供」と「好き」が組み合わされた「子供好き」という複合語も実に変な表現である。

それ以外にも「好き」は変な振る舞いをすることがある。

形容動詞は「なる」や「する」と組み合わされると,「部屋がきれいになる / 部屋をきれいにする」「子供が静かになる / 子供を静かにする」のような表現がつくられる。動詞が「なる」の場合には「(部屋が) きれいである」や「(子供が) 静かである」という状態の成立の意味が表され,動詞が「する」の場合には (誰かが) その状態の成立を引き起こすという意味が表されるという,意味の対応関係が通常は成立する。「好き」の場合は,「チョコレートが好きになる / チョコレートを好きにする」のような表現がつくられるが,「好きになる」対象を表す名詞句が食べ物である時には,「チョコレートが好きなお菓子になる / チョコレートを好きなお菓子にする」という意味を表すことができる。

　ガ格の名詞句が人間を表す「女の子が好きになる」では「好き」という感情が起こるという意味を表す。しかし,「好きにする」を使って,「何でもいいから,私を好きにしていいよ」と表現すると,「感情」の意味はなくなり,話かけている人に「あなたの思っているように私を扱ってもいいよ」という意味が表されることになる。(なお,「チョコレート」でも「このチョコレートを好きにしていいよ」と言うと,「チョコレートをあなたの思っているように扱っていいよ」という意味になる。) しかし,例えば,「きれい」を使って「部屋をきれいにしていいよ」と表現しても,そのような意味を表すことができない。このことから,「好き」で表される関係 (特に人間が関わる関係) は,恋愛のテレビドラマのように,とてもややこしいことがわかる。

　ここで,述語の「こわい」に目を向けると,「こわい」

は，さらにややこしいというか，いや，それよりはむしろ，
取り扱い注意であると思う。まずは，（7）の例を考えてみた
い。

（7）体育の先生は田中先生がこわい。

（7）には，２つの解釈が可能である。１つの解釈は，「体育
の先生が，田中先生をこわがっている」という解釈である。
これは，「こわい」が感情を経験する経験者を表す項と感情
が向けられる対象を表す項の２つをとる時の解釈である。
感情の性質は「好き」とは異なるものの，「こわい」は，２
つの項をとる「好き」と同じ意味関係が関わっているので，
二項述語として機能していると言える。
　（7）のもう１つの解釈は，「体育の先生」を話題として導
入する「体育の先生について言えば，田中先生がこわい人で
ある」というものである。つまり，この場合，田中先生は体
育の先生の一員と解釈される。この場合の（7）は，以前に話
をしたゾウさん構文の「ゾウは鼻が長い」と同じタイプの構
文を形成していると考えられる（エッセイ３）。つまり，
「ゾウは鼻が長い」は，「ゾウの鼻が長い」に相当する意味
を表し，「ゾウ」が大主語で，「鼻」が「長い」の意味上の
主語となる構文である。それと同じように，（7）も，「体育
の先生」が大主語，「田中先生」が「こわい」の意味上の主
語となる構文をつくることができるのである。この場合に
は，体育の先生の中に，田中先生が含まれていて，こわい人
物が田中先生であるという意味になる。

ところが，（7）の「こわい」を「厳しい」に変えてしまうと，表すことができる意味が1つだけになってしまう。「体育の先生は田中先生が厳しい」の場合には，体育の先生の中で田中先生が厳しいという意味はあっても，体育の先生が田中先生に対して厳しいという意味はない。「こわい」と「厳しい」は，似た意味を表しているように思えるが，実は，文法的には，異なる振る舞いをするのである。

　（7）については，解釈の違いによって，「田中先生」がどのような人物であるかということが異なってくる。1つめの解釈は，「体育の先生が（例えば，非常に厳しいということで有名な）田中先生に対してこわいという感覚を持っている」というものである。この解釈では，田中先生は，体育の先生にとってはこわさを感じる対象であるかもしれないけれども，（他の人にとっては）まったくこわくない可能性がある。これに対して，2つめの「体育の先生である田中先生が（非常に厳しいので）こわい」という解釈では，田中先生は，誰にとってもこわい存在になる。「こわい」は，解釈によりどのような意味関係を表すかが異なるが，どちらの意味であっても，もし誰かが（7）をうっかり口にして，田中先生が聞きつけたらどんなことが起こるであろうか。普段でも厳しい田中先生がとりわけ厳しくなるにちがいない。（怪談ではないけれども）考えただけで，「こわ～」となる。

　感情を表す表現は，どうも，どれもややこしそうである。ちなみに，形容詞の「ややこしい」は，（「ややこ」＋「しい」のように）赤ん坊を表す「ややこ」に形容詞の語尾が付いてつくられた語である。これと対立する語は，「おとなし

い」で，こちらは，「大人（おとな）＋「しい」のように，「大人」に形容詞の語尾を付けることによってつくられている。そうすると，「ややこしい」と「おとなしい」は，反対の意味を持つ語，つまり，**対義語**（antonym）となっていてもいいはずであるが，（もともとはそうであったとしても）今の日本語ではそのようにはなっていない。これもまたちょっとややこしい。

　感情を表現する語が関係する文法は，誤解を招かないようにすっきりと意味を伝えるようになっていてほしい。しかし感情を表す表現は，人間の感情のややこしさを反映して，とてもややこしくできているようである。

誘惑に駆られてしまうと見えなくなるもの

　世の中には，甘いものが好きな人が多い。私もその部類に入るかもしれない。実は，私は昔それほど甘い物が好きだったわけではない。むしろ，スパイスの効いた食べ物の方が好きだったように思う。なんでこんなものをと思うような強烈に辛いカレーを，汗をかきながら食べて，喜んでいたこともあった（健康にはよくなかったかもしれない）。しかし，最近では，家族の嗜好に合わせているうちにだいぶ甘い物好きになってしまった。

　世の中には，甘いものがいろいろある。ケーキや饅頭やアイスクリームなど，考えるだけでよだれが出そうになるが，その中には，果物（フルーツ）も入るのではないだろうか。ここで，甘い物の代表格の１つであるフルーツの盛り合わせには，どのような果物が入るか想像してみることにする。さっと，思いつくものとしては，リンゴ，オレンジ，メロン，スイカ，ストロベリー（イチゴ），バナナ，パイナップル，ブドウ，ナシなどがある。しかし，この中には，厳密に言うと，果物に入らないものがある。実は，スイカ，イチゴ，メロンは，どのように育つかという点からは，本来，果物というよりは野菜の部類に入るのである。このことについて考えるために，「果物」の語源について見てみると，「果物」という語は，もともと「木のもの」から来ている。つまり，果物は，本来，「木になるもの」ということを意味す

る。そうすると，植物由来の木になっていない食べ物は，「野菜」ということになる。この定義に従えば，木にならない植物由来の食べ物であるスイカ，イチゴ，メロンは，レタスやキャベツと同様に，野菜ということになる。（ちなみに，「果物」と似た表現として，「獣（けだもの）」がある。これは，「毛のもの」から来ている。人間は毛のない裸のサルなので，獣は人間以外の動物を表す。）上の「果物」の定義だと，栗やクルミも果物に入るはずであるが，あまり果物とは認識されていないようである。それはともかく，果物（フルーツ）は一般に甘い植物由来の食べ物という認識があるので，スイカやイチゴやメロンなどのような厳密には果物に入らないようなものでも，私たちは果物の部類に入れてしまっているのである。

　甘い物好きな人の中には，ダイエットをしている人も多い。そんな人は，食事の量をコントロールしたりして，必死でスタイルを維持する努力を続けているかもしれない。私は，甘い物好きに入るかもしれないが，やはり，食事をコントロールしないといけないと考え始めている。別にダイエットをするつもりはないが，年齢が上がるにつれて，だんだんと体にガタが来て無理が利かなくなり，いろいろと節制しなければならなくなっているからである。しかし，甘いものを食べたいという誘惑に打ち勝つことはなかなかむずかしい。そして，大好きなスイーツなどを目の前に出された時には，(1)のようなことを言うことになる。

(1) これ，食べたいけど，食べない。

スイーツの誘惑に負けないこともあるが，どうしても誘惑に抗しがたく，「今日だけ，特別」と言って，食べてしまうこともある。

しかし，「今日だけ」が何回も続くと，とんでもないことになり，本来の目標がどんどん遠のいていってしまう。かと言って，やせ我慢ばかりしていると，体に悪いし，この辺のさじ加減はなかなかむずかしい。

　ダイエットをしてスリムな体を維持しようと必死になる人がいる一方で，「人は見かけによらない」や「人を見かけで判断してはいけない」など，外見だけで人の価値を決めてはいけないと言う人がいる。そして，外見だけでものを判断してしまうと，ものの実際の価値がわからなくなってしまうとも言われる（そうならば，ダイエットのことなど，気にしなくてもよいはずであるが…）。文法にもどうもそのことが当てはまるようである。今回は，（1）を用いて，語（単語）を見かけで判断してしまって，実際のところが見えていないと

思えることについて少し考察してみたい。ここで考えるのは，（1）の文にあった「たい」と「ない」である。

　伝統的な日本語文法において，「たい」と「ない」は助動詞に分類される。これは，「たい」と「ない」が活用をし，前に来る動詞に形態的に付いた形で現れるからである（このような要素は，**拘束形態素**（bound morpheme）と呼ばれる）。「ない」と「たい」が形態的に前の要素に従属する要素，つまり，それ自体で自立できない要素（**付属語**（dependent word））であることは，動詞のうしろに助詞を挿入すると，形態の支持をする「する」が導入されることからも確認することができる。

（2）食べは<u>し</u>たい。でも，やっぱり食べは<u>し</u>ない。

このような振る舞いを見ると，「たい」と「ない」をひとまとめにして助動詞として括ってもよいかもしれない。しかし，もう1つ「たい」と「ない」の見かけの話をすると，この2つの要素は，形容詞の活用をする。活用の点から見ると「たい」と「ない」は形容詞であるが，語として自立しないため，伝統的な文法では，形容詞のクラスに入る可能性はなくなってしまう。しかし，それでいいのだろうか。

　ここで少し見方を変えて，見かけではなく，内容（機能）の点から「たい」と「ない」について考えてみたい。日本語には，形容詞が典型的に現れる構文があり，そこに「たい」と「ない」が現れるかを見てみる。その構文は，（3）のような構文である。

（3）私は［このケーキをとてもおいしく］思う。

（3）では，「思う」の直前に，（連用形の）形容詞「おいしく」が現れている。括弧で示しているように，「このケーキ」と「とてもおいしく」はまとまりをなす。意味的には，「このケーキ」は，「おいしく」の主語となる。ただ，ここの主語はヲ格で現れており，（3）の括弧で囲った部分は完全な節とはなっていない。このような節を時に**小節**（small clause）と呼ぶことがある。その名称はさておき，この構文で重要な点は，（形容動詞を含む）形容詞が埋め込み節の述語として現れなければならないという文法の制約があることである。

　そのことを念頭に置いて，「食べたい」と「食べない」を「思う」のとる節（小節）に埋め込めるか考えてみる。まず，（4）で示されているように，「食べたい」は「思う」に埋め込むことができる。

（4）私は［このケーキを食べたく］思う。

（4）は文法的な文なので，「思う」の埋め込み節の述語の制約を考えると，（4）の「思う」に埋め込まれている「食べたい」に付いている「たい」は，形容詞として機能していると考えてよいであろう。（なお，「食べる」は，動詞なので，（4）において「食べる」が形容詞として機能する可能性はない。）これに対して，「食べない」はどうであろうか。（5）に示すように，「食べない」を「思う」に埋め込むことはでき

ない。

(5)　*私は［このケーキを食べなく］思う。

(5)は文法的な文ではない。「ない」は形容詞の活用をする
が，「思う」には埋め込むことができないのである。この点
で，「ない」は「たい」と異なる振る舞いをする。「思う」
への埋め込みができないという点から，「ない」は「たい」
とは異なり形容詞としての機能は持っていないと言うことが
できるであろう。

　それでは，なぜ「たい」と「ない」が「思う」の埋め込み
に関して異なる振る舞いをするのであろうか？「たい」は拘
束形態素ではあるが，形容詞の「ほしい」と同じように，願
望の意味を表す。その点において，「たい」は形容詞が表す
実質的な意味を持っていると考えられる。これに対して，
「ない」は文を否定する（あるいは打ち消しをする）。これ
は，形容詞というより否定の働きをする文法要素が持つ意味
である。そうすると，「たい」と「ない」は，ともに動詞に
付く拘束形態素であるが，「たい」は形容詞で，「ない」は
機能語（function word）であると考えることができる。
（ここで「ない」を助動詞と言ってしまうと，「たい」も助
動詞として分類されることがあるため，混乱が生じる。した
がって，ここでは，「ない」に対して，文法的な機能のみを
持つ「機能語」という用語を使う。）

　形容詞の活用をする「ない」が形容詞として機能しないと
いうことは，「ない」がもともとは形容詞だったものの，現

在では純粋に文法的な要素に変わってしまっていることを示唆している。機能語の「ない」は，形容詞としては働かなくなってしまっているので，形容詞の述語が現れる位置に置くことができないのである。このように語彙的な要素が文法要素に変わることを**文法化**（grammaticalization）と呼ぶことがある。

　少し言っていることが複雑になってきたので，話をわかりやすくするために，例えをしたいと思う。（文法化のことは少し脇に置いて）まず，形容詞は人間であると考えたい。もちろん人間には，大人もいるし，子供もいる。そして，「たい」は自立していない人間の子供で，「ない」はまだ子供のペットの犬だと考えてみよう。通常の形容詞は，大人の人間である（形容詞は自立要素なので大人と見る）。子供は，人間であれ犬であれまだ自立できないので，大人や飼い主にくっついてまわる自立できない従属要素である。そして，「思う」の構文は，ペット禁止のレストランであるとしよう。そうすると，「たい」と「ない」がなぜ上で見たような振る舞いをするかが理解できるのではないだろうか。

　まず，人間の大人（「おいしい」のような純粋な形容詞）は，レストランに入って食事ができる。人間の子供も，自立はしていないものの，レストランに入って食事ができる。なぜなら，自立している大人の形容詞（「おいしい」）も，自立していない子供の「たい」も人間（形容詞）だからである。これに対して，「ない」はペットの小犬である。ペットの小犬は，自立してもいないし人間でもない（つまり，形容詞ではなく機能語である）ので，レストランに入れないし食事も

できない。このように,「思う」に埋め込めるかどうか(レストランに入って食事ができるかどうか)で,埋め込まれた語が形容詞(人間)か機能語(人間以外)かを判定することができることになる。通常の形容詞「おいしい」のように自立していても,「たい」のように自立していなくても,これらの要素は,ともに形容詞(人間)に分類できるのである。

　ここで形容詞の活用をし,自立する要素として文中に現れるもう1つの「ない」について考えてみよう。これは,否定の存在文に現れる「ない」で,(6)からわかるように,それ自体で自立する要素である。

(6) 机の上にあの本がない。

(6)に現れている「ない」は自立する要素であり,かつ,形容詞の活用をするので,伝統的な文法では,形容詞とされている。ただ,(6)の「ない」は,文中での働きとしては,自立しない「ない」と同様に文を否定する(打ち消す)。そして,この「ない」を「思う」に埋め込むと(7)のように非文法的になる。

(7) *私は[あの本をなく]思う。

自立する「ない」は,自立しない「ない」と同様に「思う」に埋め込むことはできない。このことは,自立する「ない」が形容詞でないことを示唆する。先のたとえに戻ると,自立しない「ない」は機能語なのでレストランに入れなかったの

と同様に，（6）の自立する「ない」もレストランに入ること
ができないのである。つまり，（6）に現れる「ない」は，自
分であたりをうろつくことができるという点で立派な大人で
はある。しかし，犬は（自立している）大人であっても自立
しない子供であっても，犬であることは変わらないので，レ
ストランに入ることはできないのである。要するに，否定の
「ない」は，自立していようが自立していまいが，機能語
（犬）であるということである。

　ところで，「たい」も（付属語の）「ない」も，形容詞の
活用をするので，そちらの面を見ていれば，この２つの要
素は，人間のように扱えるはずである。これは，子供も犬も
家族扱いにするということであろうか。しかし，伝統文法で
は，そちらの側面は無視して，子供である（付属語である）
からという理由で，自立しない「たい」も「ない」も，（今
のたとえだと「犬」に相当する）助動詞とみなしている。も

96

しかしたら，子供が犬のぬいぐるみを着ていて，その見かけだけから「たい」を誤って助動詞（犬）に分類してしまっているのではないだろうか。

　このことから明らかではないかと思うが，伝統的な日本語の文法では，見た目（自立するか自立しないか）で，形容詞（人間）と助動詞（犬）を分けてしまっている。そのため，自立する（自分自身であたりをうろつける）からと言って，伝統文法では，存在文に現れる「ない」を自立する（大人の）人間とみなしている。つまり，大人であるからという理由だけで，存在文に現われる「ない」を人間（形容詞）としてしまっているのである。しかし，実際には，自立する「ない」は，犬なのでレストランには入れない。このことから，人間と犬の場合と同様に，語も見た目で品詞を分けるのではなく，その実質的な内容（レストランに入れるかどうか）で見分ける必要があることがわかるのではないだろうか。

　伝統的な日本語の文法では，「ない」と「たい」は，助動詞のクラスに入る（これは，動詞の後に現れる付属語という見かけからの分類である）。しかし，助動詞に入る要素は，最初に見たフルーツの盛り合わせのようなもので，実際には，かなりいろいろ異なるものがひとまとまりにされている。助動詞の中には，実際には，スイカやメロンやイチゴなどのように，果物の定義には合わず，本来なら別の分類をされるべきものがあったりする。それ以外にも，お店の陳列棚にあるようなリンゴのサンプルみたいなものもあるかもしれない（お店などにプラスチック製のリンゴのサンプルが陳列してあることがあるが，それは，見た目ではリンゴに見えて

も，食べられるようなものではない）。このように，助動詞の中には，本来私たちが思っているものとは違うものがいくつも入ってしまっている可能性が高い。そのため，助動詞は，きちんと分類しようとすると，ひとつひとつ中身をじっくりと吟味していく必要があるのである。

身につけるものを場面によって 格好よく使いわけるセンス

　世の中には，ファッションに気を遣う人が多いようである。いろいろなものを身につけることは，楽しみでもある。身につけるものについては，衣服であったり，アクセサリーであったりする。私はファッションなどまったく興味がないのであるが，私の妻は着ているものは気になるようである。服を買ってきたら似合うかとか，出かける時に着ていく服がどんな感じなのかとか，時々，感想を求められる。しかし，私はどうしても気のきいた返事ができない（つまり，センスのない返事しかできない）。そして，（大抵そうなってしまうのであるが）そんな時には，妻は「聞く人が悪かった」と怒って向こうに行ってしまう。聞く人が悪いことは前からわかっていて，ことさら言うことではないはずなのだが，私はどうもうまくできない。

　実は，日本語には，着用の表現が豊富にある。身につけるもの，身につける場所や身につけ方によっても動詞が変わってくるので，ファッションには興味がない私にも実に興味深く感じられる。（1）に，いくつか動詞の例を挙げてみる。

（1）かぶる，はく，着る，羽織る

（1）に現れている動詞は，すべて衣服などを身につける際に用いられるが，それぞれの動詞がとることができる目的語が

異なる。「かぶる」には，頭部あるいは顔面を覆うという意味がある。通常は，「帽子」「仮面」などに対して「かぶる」という動詞を使用する（「かぶる」には，「猫をかぶる」という表現もあるが，これは慣用句で，本当に猫をかぶっているわけではない）。強盗団が銀行に侵入する時には，「マスク（より正確にはフェイスマスクあるいは目出し帽）をかぶって」頭や顔面の部分が覆われて外からは誰かわからなくなるようにする。単に「マスク」をつけるだと，頭や顔面を覆わなくてもよく，風邪などをうつさないように，口と鼻の一部を覆っているだけでよい。そんなマスクをつけて，強盗団が侵入してきたらどうであろうか。そんな格好の強盗は，こわくないかもしれないし，すぐに誰であるかわかってしまう。また，強盗団がその場から逃げたとしても，すぐに捕まえられてしまうのではないだろうか。（テレビの刑事ドラマを見ていると，犯人が判明することを「面が割れる」と言うようであるが，普通，犯人は，能面のお面ではなく，目出し帽のようなマスクをしている。そんな時に犯人が誰なのかが割り出されても「マスクが破れる（割れる？）」とは言わない。）

　「はく」の場合には，衣服に足を通して身につける必要がある。そのため，「靴下」「靴」「ズボン」などを身につける際には，「はく」という表現を用いる。次に，「着る」はおそらく(1)の中では最も意味が広く，上半身，あるいは，体全体に衣類を身につけることになる。したがって，「セーター」や「和服」を着ると言うことはできる。しかし，下半身だけがカバーされる場合は，「着る」を使用することができ

ず,「*ズボンを着る」と表現することはできない。「羽織る」の場合には,そでを通さなかったり,ボタンを掛けなかったりして,身につけるという,少しラフな（あるいは本来的ではない）衣服の着用をする。したがって,「カーディガンを羽織る」の場合は,通常,袖に手を入れずに,肩にかけるような形で身につけることになる。それ以外にも「帯びる」のように腰につけるという意味を表す動詞もある。江戸時代に「帯刀が許される」ということがあった,これは,「刀を帯びる」ということから来ており,刀を脇に差す,腰元につけるという意味を表す。

　着衣の表現は,本来的な意味から少しずれて使われることがある。成人式などで「着物の着付けをする」という表現を聞いたり,「着物の着付け教室」という講座があるという話を聞いたりする。「着物（きもの）」は,本来は「着る物」という意味を表すはずである。しかし,今日では,「着物」は「和服」を表すように意味の範囲が狭くなっている。「着物」を本来の意味にとると,「着付け」は「体裁よく着る物を着せる」ことであるため,成人式の時に「着物の着付け」をするという宣伝を見たら,当日,赤ちゃん用のパジャマ,戦国時代の鎧甲冑,パンダの着ぐるみや,テレビのロケで使った怪獣の着ぐるみ衣装などを持っていっても体裁よく着せてもらえるはずである。

　しかし，実際のところは，そんなものを持っていっても，
「そんなことをしていません」と断られるのがオチであろ
う。
　英語では，着用を表す動詞は，put on や wear ぐらいし
かなく，この２つの違いについても，put on が「身につけ
る」という動作の意味を表し，wear が「身につけている」
という状態の意味を表すぐらいの違いで，どんなものをどん
な風に身につけようがまったくかまわない。外国語として英
語を学習する者にとっては，簡単なので便利であるが，繊細
さが感じられず，味気ない。英語話者は，（私のように）フ
ァッションには興味がないから，着用表現が単純なのであろ
うか。
　日本語では，１つの動詞を用いて多彩な着用の表現がつく
りだされることがある。一般的な意味を表す動詞「する」を
用いる（2）のような例である。

（2）彼はネクタイをしている。

「する」は，一般的な活動の意味を表す動詞とされるが，身
につけるものを目的語にとることができる。「する」の目的
語には，（2）の「ネクタイ」の他に，「イヤリング」「ネック
レス」「指輪」「手袋」「ベルト」「（老）眼鏡」（「サングラ
ス」「コンタクトレンズ」）「はちまき」「レッグウオーマー」
「ふんどし」「オムツ」「マスク」などをとることができる。
しかし，その一方で，「する」の目的語として現れることが
できない着用物もある。例えば，「*背広をする」という表
現はおかしく感じる。また，「スーツ」「パジャマ」「パン
ツ」「ズボン」「ブーツ」「運動靴」「下着」「靴下」「タイツ」
「帽子」なども「する」とは相性が悪い。私たちは，このよ
うに「する」の目的語として使用できるものをかなり正確に
判断することができる。一般的に，日常的に着用する目的で
使用する，いわゆる衣料は，「する」の目的語とはならない
ようである。

　この問題と関連して，身につけるもの以外にも（あたかも
身につけるもののように）「する」の目的語として現れる表
現がある。これは，「目」「耳」「髪」などの身体部分で，例
えば，（3）のように表現することができる。

（3）徹夜をしたために，彼は赤い目をしている。

衣服のように簡単に着脱できるようなものを所有する場合に
は，所有者と所有物の間に**分離可能所有**（alienable posses-
sion）の関係が成立する。これに対して，所有者と「目」
や「口」のような身体部分の所有関係は，**分離不可能所有**

(inalienable possession) と呼ばれる。これらの関係は，同じ「する」を用いて表現することができるのである。(2)は，単純に「ネクタイをしている」と言ってもよいが，(3)の「目」には「赤い」のような名詞を修飾する表現が必要である。したがって，「目」だけが単独で現れる(4)は非文法的である。

(4) *彼は目をしている。

それでは，「する」の目的語が「目」だとなぜ非文法的になるのであろうか。実は，このことについてはなぜそうであるかはわかっていない。しかし，（時々，少し意地悪をして）クイズとして授業を聞いている学生に問いかけることがある。
　学生がすぐに思いつく1つの答えは，「目」はもともと人間に備わっているものであるからというものである。つまり，「する」を使って，単に「目をする」とすると，意味のない表現になってしまうと言うのである。なかなかおもしろい答えではある。しかし，例えば，(5)を考えてみると，これが必ずしも正答ではないということは簡単にわかる。

(5) *先生は髪をしている。

「髪」や「髭」は，すべての人間が持っているとは限らず，頭に髪の毛のない人やあごに髭のない人は，この世の中に大勢いるので，修飾語のない「髪」に言及する意味はあるはず

である。もし学生の答えが正しいとすると，「髪」は単独で
「する」の目的語に現れてもいいはずであるが，実際には
「長い髪をしている」のように，修飾語を伴った表現でなけ
ればならない。また，「長い髪」は，「長髪」のように一語
で表現してもよい。仮に，人間には髪の毛が（実際にはなく
ても）少なくとも潜在的にあると考えられるため，単独で
「する」の目的語に現れないということであれば，「*先生は
長髪をしている」のような表現は可能であってもいいように
思えるが，実際には文法的ではない。

　「目」や「髪」のように，分離不可能所有に分類される身
体部分を表す語は，単独で「する」の目的語として現れるこ
とができない。この場合の「する」は，形容詞「赤い」や
「長い」のような修飾表現が伴っていなければ，文法的な表
現とはならないという不思議な文法の制限があるのである。

　ただし，これでがっかりする必要はない。学生が出した答
えは，少なくとも，分離可能所有を表す「する」構文につい
ては当てはまるからである。具体的に考えると，「服装」や
「身なり」などの表現は，（6）のような文法性の対立が観察
される。

（6）a．彼は適切な服装をしている。
　　 b．*彼は服装をしている。

「服装」は，（6a）のように，「適切な」のような修飾語が伴
えば，適格な文となる。しかし，単独で「服装」が「する」
の目的語となる（6b）はおかしな表現である。ここでのおか

しさは，人間というものは，なんらかの服を着ているはずであるということに由来している。つまり，人間は何かを着ているのは当然であるため，単に着ていると表現している（6b）は，それ自体で言及する意味がない。そのため，（6b）は，そのままだとおかしく感じられるのである。

　ここまでは，分離不可能所有の場合と同じである。もし学生の説明がここで適用できるのであれば，一語の表現が「する」の目的語として現れても適格になることが予測される。実際に，（7）のような表現は容認される。

（7）今回の式典では，彼は正装をしている。

「正装」は「略装」と対立する表現で，「正式な服装」という意味を表すので，「服装」とは異なり，単独で現れてもそれなりの意味がある。そのため，「正装」が一語で「する」の目的語として現れても，適格な表現となるのである。このことは，学生の思いつくような説明が，分離可能所有を表す「する」構文については，当てはまることを示している。

　分離可能所有と分離不可能所有を表す「する」構文では，文の制限や文法が異なる。どうも身体部分が関係する分離不可能所有は，常識的に考えると，なぜそうなっているのかわからないところがある。しかし，服装などの分離可能所有については，かなりの程度，常識が通じそうな感じがする。そこで，分離可能所有関係を表す着用物の「する」構文に関する制約についてもう少し考えてみたい。

　先にも，いわゆる日常的に着用する通常の衣料については

「する」の目的語として現れることはなさそうであると書いたが，現実には，それほど明らかでないケースもある。しかし，どのような基準で使い分けているかになると，正確に定義することは結構むずかしいように思う。例えば，「マスク」「時計」は，衣服ではなく，特定の目的のために着用するため，「する」の目的語となることができても不思議ではない。

　しかし，「帽子」はどうであろうか。「帽子」は，衣服として着用することがあるが，日よけなどをして頭を保護するために着用する場合もある。もし日よけのために着用するのであれば，「する」の目的語になれてもいいはずであるが，その目的の違いにかかわらず，「する」の目的語とはならない。これに対して，「ヘルメット」は，本来は頭を外部の衝撃から守る目的で使用されるが，必ずしも，そのためだけに使用するとは限らない。ヘルメットをあたかも衣服と同じように日常的に使用する場合、「ヘルメット」は「する」の目的語となれなくなってもよいように思える。しかし，その場合でも「ヘルメット」は，「する」の目的語になっても問題はなさそうである。もしかすると，「帽子」や「ヘルメット」のような場合は，本来の使用目的との関係に基づいて，「する」との組み合わせの可否が決っているのかもしれない。

　次に，「ふんどし」「おむつ」「パンツ」「ブルマー」は，身体の同じような部分に着用する。「ふんどし」と「おむつ」はお祭りや，尿漏れなど特定の目的に使用されるので，「する」の目的語になる。「パンツ」は，日常的な衣料なの

で「する」の目的語とならないが「ブルマー」は日本では体操服の一部として特化されて着用されることが多いので,「する」の目的語となってもよさそうである。しかし,「する」は,「ブルマー」を目的語としてとれない(「*ブルマーをする」)。「ふんどし」は,「パンツ」が普及する前の標準的な下着で,「パンツ」がファショナブルなものとして紹介されていた頃なら,「ふんどしをする」という表現が変で,「パンツをする」という表現が自然であると判断されていたのであろうかと考えたりもする。しかし,このことを調べる手立てはすぐには思いつかない。

　ここまで見てきた着用を表す動詞をよく観察すると,着用の仕方を指定する動詞(「はく」「かぶる」「着る」)と「する」は,その制約の性質がだいぶ異なることがわかる。「する」については,目的語の組み合わせが文法的に制限されているが,「はく」「かぶる」「着る」は,着用の仕方が意味的に指定されているだけである。「はく」「かぶる」「着る」では,組み合わせが適正でない「*ズボンをかぶる」「*帽子をはく」「*靴下を着る」はおかしく感じられる。

しかし，奇妙ではあっても，やってやれないことはない。ただ，そのような格好で堂々と街中にくり出すと，通行人からジロジロ見られたり，おまわりさんから「ちょっと，あなた何をしているんですか？」と職務質問されたりすることになる。

| エッセイ 13 | 同じような意味を表す語が たくさん見つかる理由 |

　（エスキモーの）イヌイット語（Inuit）には，積もっている雪か，降っている雪か，吹き積もる雪か，吹雪かによって区別される４つの雪の語彙（正確には**語根**（root））があることを有名な人類学者の Franz Boas は報告している。英語であれば，イヌイット語において区別されるどのようなタイプの雪であれ，snow だけですませることができる。日本語も似たような状況にあり，どのような種類の雪でも「雪」と言ってすませることができる。これに対して，もともと農耕民族である日本人は，米を主食にしているためなのか，米に対する語彙が豊富である。

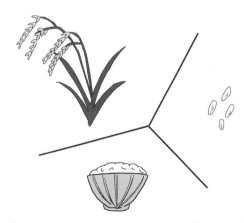

特に，「米」については，（植物としての）「稲」（食物とし

110

ての稲の実である）「米」,（「米」が炊き上がった後の）「ご飯」というふうに日本語でははっきりと区別する。こちらも英語であれば，どれも rice として言及することができる。私たちがお茶碗に入ったご飯を食べる時には，「お米がおいしいね」と言うことはある。しかし，英語だと rice は，稲を指せるので，外国の人は，もしかすると，「その稲はおいしそうですね」って言ってくることがあるかもしれない。そんな時は，頭の中で，牛みたいに稲を口にくわえている自分を想像してしまう。あるいは，たとえ実質的に同じものを指すことにはなるにせよ「その稲穂の実（稲の実）はおいしそうですね」と言われると，お茶碗のおいしいご飯も何となく無機質なものに感じてしまう。

　イヌイット語の「雪」の例や日本語の「米」の例は，人間が区別すべきものが，どのような環境に置かれるかによって変わり，話す言語の語彙の豊富さが異なってくるということを示唆しているのである。同様に，もとは区別の必要性から来たと思われる名前の中にいわゆる「出世魚」の名前がある。ブリ（ハマチ）は，大きさによって，そして，地方によって名前が変わる。ネットで調べてみたところ，ブリは，一般に，関東ではモジャコ→ワカシ→イナダ→ワラサ→ブリ，関西ではモジャコ→ワカナ→ツバス→ハマチ→メジロ→ブリのように，出世していくようである。日本は海に囲まれているので，これなんかも，「米」と同じように区別する動機付けがあったのかもしれない。ちなみに，人間でも戦国時代の武将は，日吉丸→木下藤吉郎→羽柴秀吉（豊臣秀吉）のように出世するごとに名前が変わっていったが，私はそもそも出

世とは無縁なので，名前は生まれた時から変わっていない。

　私は，海辺で暮らしたこともないし，漁師でもない。ましてや，商売として海産物を扱っているわけでもないので，すべての魚の名前が必要になることはない。関西に住んでいることもあり，どこかのお店で（たぶん）食べた記憶のある出世魚のブリとしては，ツバス，ハマチ，メジロ，ブリぐらいである。それも，調べてみるまで，基本的に同じものを食べているという認識はなかった。同じ魚に，いろいろ違う名前が付くとややこしくて仕方がない。同じ魚でも，違うものを食べているという感覚（誤解）があると，食生活が豊かであるという気にはなる。もっとも最近では，スーパーで売られている魚の切り身は本物ではなく，本物と同じような味や食感がある（外見は本物と似ても似つかない）深海魚だったりすると聞いたこともあり，名前を聞いただけでは，何を食べているのかすらわからない。

　ここまでの例は，区別する必要性がある場合に語彙が豊富になるということを示しているが，おそらく，その他の理由でもいろいろな語彙が存在するようになることがある。例えば，日本語では，話し相手を表す二人称表現の代名詞表現が実に豊富である。

（1）あなた，あんた，君，貴様，おまえ，そち，そなた，
　　　汝，おたく，てめえ

日本語では，目の前にいる相手に向かって直接言及しにくいという文化的な特徴がある。特に二人称表現は，状況によっ

て使い分ける必要があるため，多くの表現が存在するのであろう。同じものを表す表現が多く存在することには文化的な要求もあるということである。

　二人称表現の語源について見てみると，「あなた」や「そなた」「てめえ」のように場所・方向を示す表現が転化した表現や，「おたく」のように住んでいるところを表す表現がある。これらの表現は，もともと相手を遠回しに（あるいは婉曲的に）指している。また，「貴様」は，もともと「あなた」のように敬意を払う表現であったが，現在では，かなり**意味の劣化**（deterioration of meaning）が進んでいる。このように，日本語の二人称表現は，使用しているうちに，間接的に人を指す表現が直接的に人を指すようになったり，敬意を払う表現が敬意の意味がなくなってしまったりする。そのため，そのような表現はだんだんと使用しにくくなり，どんどんと新しい語が追加されていく。このような理由で，二人称表現にはいろいろな語彙が存在するのである。英語では，そのような置き換えの動機付けがないために，you ですべてすますことができる。（ちなみに，英語でも，相手に敬意を払う時には，thou を用いることもあるが通常の会話では使わない。）

　同じことは，「妻」を表すことばにも観察される。「妻」に相当する語は結構たくさんある。(2)は思いつくままに挙げた例である。

(2) 女房，嫁（嫁さん），かみさん，夫人（ご婦人），奥さん，奥方，家内，細君，ワイフ

通常，これらの表現も状況によって使い分けられるが，必ずしもそうでないこともある。その起源もさまざまであるが，二人称表現の類義語と似た傾向にある。「奥さん」「かみさん」は方向や場所を表す表現である。「家内」「女房」はもともと居所を指している。「ワイフ」は借用語であるが，あまり日本語的な響きはないものの，これを用いる人も結構いるようである。

（2）以外にも「私の相方」や「私のあれ」みたいに間接的に言及する表現を聞いたこともある。（2）のように，「妻」を表す表現がたくさんあるのは，やはり，直接言及するのがはばかられるから，さまざまな表現を転用する（あるいは新たにそのような表現をつくる）ことで，「妻」を表現することになるのである。

　ここで英語に目を向けてみると，さきほどの二人称表現の場合とは異なり，「妻」を表す語は，（3）に挙げているように，いろいろと見つかる。

(3) wife, honey, sweetheart (my sweet), darling,
　　 sugar, madam (ma'am), better half, spouse

(3)のような表現もやはりどのような状況で使用されるかについては異なるが，どれも同じように「妻」を表すことができる。honey や sweetheart は，比喩的に「甘〜い」関係を表すことから来ているのであろうが，sugar となると少しやりすぎのように思う。

　「妻」を表すこの手の表現は，英語でも日本語でも豊富に存在する。ただ，英語では，honey, sweetheart, darling などは，直接に呼びかける呼称として男女共用で用いることができるのに対して，日本語では，(2)のような表現は直接的な呼びかけとしてはあまり用いられない。呼びかけの際にはその他表現が用いられることが多い（決まった表現はないので，呼びかけるにはそれなりに工夫がいる）。(3)の英語の表現の中には，男女共用で用いることができるものがある。しかし，日本語には，配偶者を言及するのに男女共用で用いられる表現は少なく，「夫」を表す場合は，「主人」「亭主」「旦那」など，「妻」を表す語とは別個に専用の語が存在するという特徴がある。いずれにせよ，英語においても日本語においても「妻」（そして「夫」）を表す用語が多いということは，日本語の二人称表現の場合と似ていて，対象を直接言及しにくいという動機付けがあるからであると考えられる。

　よく似たパターンは，「トイレ」を表す表現についても見られる。「トイレ」を表す表現については，(4)のような例

を挙げることができるであろう。

(4) トイレ，(お)手洗い，洗面所，化粧室，はばかり，WC，
　　 便所，不浄，手水，雪隠

用を足す場所もさまざまな表現で表される。トイレや WC
のような借用語もあれば，用を足した後にする行動を表す表
現を借りてきたものなどもある。日本語の「トイレ」に関す
るいくつかの表現は，ほぼそのままで外国語から借用されて
いる。けっこう不思議なのは，トイレをすませた後に顔を洗
う日本人はたぶんいないのに，それでもトイレを指して「洗
面所」という表現を用いることである。もちろん，(4)の表
現も，ずばりそのものではなく，トイレを遠回しに表す表現
が多い。(「用を足す」も，もともとは「用事をすませる」
という意味を表す表現なので，これもまた，相当婉曲な表現
である。)
　英語に目を向けても，同様に，トイレに相当する表現はか
なりたくさん見つかる。

(5) restroom, bathroom, washroom, toilet, men's
　　 room, women's room, WC, lavatory, loo

(5)の中にある英語の bathroom は，日本的な発想からす
ると不思議な名称である。というのも，日本の文化の中で考
えると，通常「お風呂」はトイレとは直接関係してこないか
らである。しかし，欧米圏では，トイレがある部屋にお風呂

116

に入るための浴槽も設置されているので，トイレをお風呂の
部屋として言及するのにはそれなりの理由がある。bathroom
は，washroom と同様に，本来の使用目的に言及せず，そ
の部屋ですることになるもう 1 つの行為（ここでは「入
浴」）に関係する表現の bath（お風呂）を使って，「用を足
す」場所（トイレ）を表す表現として使用されるようになっ
たのである。men's room や women's room は，男性用
と女性用として部屋に言及しているが，これもまた遠回しな
表現である。

　要するに，何らかの理由で直接言及することがはばかられ
るような場合には，私たちは，遠回しな表現を用いて間接的
に言及しようとするが，使用しているうちに直接的な表現に
変わっていくので，次々とその他の婉曲に表す表現が生み出
されていくのである。「妻」（および「夫」)」や「トイレ」
は，別の種類の表現のようにも見えるが，実は，（日英語と
もに）直接言及しづらいという共通の原理が関わっているた
めに表現が豊富に存在しているのである。

　英米では，toilet は（直接的な表現なので）あまり使わ
れないと聞いたことがある。実際，（留学していて）アメリ
カに住んでいた時には，あまりこの表現を見たり聞いたりし
た記憶はない。しかし，ヨーロッパに出張に行った時には，
よく目にしたり耳にしたりする。たしかドイツへの出張の時
だったと思うが，レストランでトイレに行きたくなった時
に，お店の人に（英語で）「restroom はどこにありますか？」
と聞いてもわかってもらえなかった。次に，「washroom
はどこ？」，その次に，「men's room はどこ？」と聞いて

いったが，お店の人は，英語は理解していたものの，なぜか，首をひねってばかりいてわかってもらえなかった。どうしたら通じるんだろうと，考えていると，突然，「ああ，toilet のことね！　それなら，あっち」となって，無事にトイレにたどり着くことができた。そして，用を足しに行ったトイレのドアのところには，Toilet と書いてあった（ドイツ語では Toilette）。イギリス・アメリカでは，トイレは，通常，toilet とは言わず，他の婉曲的な表現を用いるし，もちろん，そういう表現で何を言わんとするかを理解してもらえるが，英語が話されていない外国では，回りくどい英語の表現を使うとかえって通じないんだなと納得したのである。

　トイレと言って思い出すのは，最近，渡り鳥の「ジョウビタキ」の糞害に遭ったことである。スズメの一種のようで，けっこう人なつっこく，人に近づいてくるし，見た目もかなりかわいい鳥であるが，私の車のバックミラーに頻繁に糞をするようになった。なぜ，バックミラーになのか不思議で仕方がなかったし，ひどい時には，バックミラーの糞の掃除をして掃除道具を片付けに行っている間に，再び糞をされたりしたので，何の恨みがあるのかと思った。妻がネットでこの鳥のことを調べてみると，ジョウビタキは，バックミラーをトイレにしているのではなく，鏡に映る自分の姿を「敵」と勘違いし，興奮して思わず糞をしてしまうということで，同じ被害に遭っている人はかなりいるということである。恨まれているのではなく，本能のために「お漏らし」をしてしまっているのである。そう聞くとホッとし，「糞害（ふんが

い）」に「憤慨（ふんがい）」することもなくなり，少し親しみを感じるようになった（ダジャレである。そう言えば，オヤジギャグとも言う）。そんなわけで，最近では，時たま電線に止まってこちらを眺めているジョウビタキの姿を（もうお漏らしをしないでほしいと願いながら）暖かい目で観察できるようになった。

多忙なところを，暇人が考えること

　「学校」は英語で school と言う。また，「学者」は英語
で scholar と言う。英語の school や scholar は，もとは
同じ語から来ていて，ギリシャ語の「余暇」を意味する語が
語源であると言われている。つまり，勉強をする学び舎であ
る学校は「暇がある場所」で，学者は，「暇人（ひまじん）」
あるいは「暇な人」ということになる。そうすると，私の職
業は何かと聞かれたら，私の職業は「暇人」で，勤め先は
「暇のあるところ」と答えてもいいのかもしれない。学校の
先生がゆったりとして暇があると見られていることは，日本
語で 12 月が「師走（しわす）」と呼ばれていることからも
伺える。12 月は普段は暇な先生も走り回るほど忙しくなる
ということからその名前が来ているからである。

　大学の教員も学校の先生の一種であり，本来は，暇人のは
ずである。大学は，高等教育をするとともに，最先端の研究
をする機関でもあるので，以前は，教育に従事しながらも研
究ができるように時間に余裕があるようになっていた。しか
し，昨今では，そんなことを言っていられないほど忙しくな
ってきている。以前なら手紙（最近ではメール）で大学の先
生に何かを依頼する時には，前置きとして「お忙しいところ
を大変申し訳ないですが…」という表現を使っていた。これ
は昔ならいわゆる「リップサービス」で，大学で教えている
なら，十分引き受けてもらえる時間や暇があるだろうと思っ

て書かれていたはずである。しかし，近頃では，大学の教員もいろいろな業務に忙殺されるようになっている。そのため，このような文言を入れる場合には，文字通り「お忙しいのに申し訳ないが，なんとか引き受けてほしい」という気持ちで書くことがほとんどである。

　ところで，「お忙しいところを」という表現であるが，助詞の「を」が使われている。「を」は，典型的に他動詞の目的語に現れる格の標識である。多くの言語で動詞の目的語は**対格**（accusative）の標示を受けるため，日本語の他動詞がとるヲ格目的語は，**対格目的語**（accusative object）と呼ばれることもある。日本語文法においてヲ格についてしばしば議論される文法の制約として**二重ヲ格制約**（double-o constraint）と呼ばれるものがある。この制約は，一般に日本語においてヲ格名詞句が１つの節の中で２つ以上現れると非文法的になるということから名付けられた不思議な制約である。

　この二重ヲ格の制約は，日本語特有の制約の１つであり，日本語のいろいろな構文に制約を加えていると言われている。典型的にこの制約の効果が観察されるのは，**使役文**（causative sentence）においてである。二重ヲ格制約がどのように働くかを見るために，まず，（1a）の自動詞文をベースにしてつくられた（1b）と（1c）の使役文について考えてみる。

（1）a. 生徒が泣いた。
　　 b. 先生は生徒に泣かせた。

c. 先生は生徒を泣かせた。

日本語の使役文では、自動詞が使役の「させ（る）」に埋め込まれた場合には、（1b）のように自動詞のとる主語をニ格で標示してもよいし、（1c）のようにヲ格で標示してもよい。ただし、（1b）と（1c）の使役文には表す意味に違いがある。自動詞の主語の「生徒」がニ格で標示されている（1b）の使役文は、先生の指示によって生徒に何らかの行為を起こさせるという意味を表す。したがって、学校の劇などで先生が演技指導をしていて、「泣く」シーンでもないのにかかわらず、学生がここは「泣く」方がいいと主張したとしよう。学生が強く主張するので、先生は、「それなら」ということで、「生徒が泣く」という演技をすることを許可する場合には、（1b）の表現を用いることができる。

（1c）については、生徒が自分から望んで泣く演技する許可を得たというような状況では使用できない。しかし、例え

ば，先生の劇の指導が厳しすぎて，生徒が演技とは関係なく本当に泣いてしまった状況でなら，（1c）の文を用いることができる。

　また，先生の厳しい演技指導のために，生徒が感情をコントロールできず，「泣く」シーンで生徒が思わず本当に泣いてしまうような状況でも（1c）は使用できる。
　（1b）の使役文が使用できるのは，行為を行うように言われている人が，行為を自己の意志でコントロールできなければならない。そのために，自動詞の主語を二格で標示させる（1b）のタイプの使役文では，**使役者**（causer）の働きかけの結果，実際に行為を行う**被使役者**（causee）を無生物にした「*花に咲かせる」は非文となる。これに対して，（1c）の使役文は，無理やり何かをさせるという意味を表すので，特に，被使役者が自分の行為をコントロールできる必要はない。したがって，被使役者が無生物である「花を咲かせる」のような使役文をつくっても何の問題もない。

（1b)と(1c)は，自動詞が使役の「させ（る）」に埋め込まれてつくられた使役文の格のパターンを示しているが，他動詞が使役の「させ（る）」に埋め込まれることによってつくられた使役文は，自動詞とは異なる格のパターンを示す。

（2）a.　生徒が涙を流した。
　　　b.　先生が生徒に涙を流させた。
　　　c.　*先生が生徒を涙を流させた。

他動詞の「流す」は，もともと「ガ-ヲ」の格パターンをとる。そして，この動詞が使役の「させ（る）」に埋め込まれてつくられた使役文は，(2b)のように「ガ-ニ-ヲ」の格パターンをとる。しかし，(2c)の「ガ-ヲ-ヲ」の格パターンをとることはできない。
　自動詞が使役の「させ（る）」に埋め込まれると，自動詞の主語はヲ格で標示してもニ格で標示してもよい。このことから論理的には，他動詞が使役の「させ（る）」に埋め込まれてつくられた使役文は，「ガ-ニ-ヲ」と「ガ-ヲ-ヲ」の両方の格パターンが許されてもよいはずである。しかし，実際には，「ガ-ヲ-ヲ」の格パターンは許容されない。そして，「ガ-ヲ-ヲ」の格パターンでは，ヲ格表現が２つ現れるために，１つのヲ格をニ格に変えなければならないとされている。そうすると，(2b)は，(1b)の意味と(1c)の意味の両方を表せるはずである。実際に，「生徒が先生から許可を得て生徒が涙を流す演技をする」状況でも，「先生の指導が厳しすぎて，生徒がついていけず，本当に泣いてしまった」状

況でも（2b）の表現を用いることができる。また，「木が新芽をふく」という他動詞から，「木に新芽をふかせる」という，自動詞文では不可能であった無生物名詞にニ格を伴わせる使役文をつくることができる。他動詞の使役文には複数のヲ格表現が許容されないという格標示の制限があるために，日本語の文法の制限として二重ヲ格制約があると議論されるのである。

　ただ，二重ヲ格制約はいくつか例外があることも知られている。このことを示すために，ヲ格表現が表すことができる意味について，少し詳しく見てみることにする。ヲ格が付いた表現にはいろいろな用法があるが，まず，ヲ格は，「彼が本を読んだ」の例が示すように，最も典型的には，他動詞の目的語を標示するのに用いられる。この他に，ヲ格は，（3）のように，いわゆる経路を表す表現にも現れる。

（3）a．彼は坂を駆け上がった。
　　　b．彼は坂を自転車を押した。

経路を表すヲ格表現は，目的語とみなすか，それとも付加詞の一種としてみなすかについては議論がある。（3a）は，経路を表すヲ格表現が単独で現れている例であるが，（3b）のようにヲ格の経路表現とヲ格の他動詞の目的語を共起させることも可能である。（3b）は，もしかすると多少ぎこちないかもしれないが，（2c）よりは容認性が高く文法的であると考えてよいであろう。ただし，「坂を」と「自転車を」の順番を入れ替えて「*彼は自転車を坂を押した」とすると，非

文法的になってしまう。同じヲ格表現が並んだ場合には，「経路—目的語」の順にならなければならないという文法的な制約があるのである。

　次に，疑問詞にヲ格をつけて一種の非難を表す用法がある。例えば，(4a)のような例である。

(4) a. あなた一体何をしゃべっているの？
　　 b. 一体何をばかなことを言っているの？

(4a)の「何」は「しゃべる」の目的語で実際にしゃべっている内容を問う疑問詞と解釈することができる。この疑問詞疑問の用法に加えて，(4a)の「何」の疑問文は相手を非難し問い詰める意味を表す一種の**修辞疑問**（rhetorical question）として使用することもできる。この「何」の修辞疑問の用法では，「あなたはしゃべらなくてもいいことをしゃべっている」という意味が伝わる。ここでの「何を」は，「あなたはなんでそんなことするの？」のような文における理由を問う「なんで」とほぼ同じ意味を表している。この用法での「何」には，ヲ格が現れているが，動詞の目的語として機能しているわけではないので，(4b)からわかるように，他動詞「しゃべる」のとるヲ格目的語である「ばかなことを」と共起しても容認される。

　次に，状況を表すヲ格表現というものもある。(5a)のような表現がその典型例である。

(5) a. 彼は雪の中を走った。

    b．彼は雪の中を落とし物を探した。

状況を表すヲ格表現は，典型的に「～の中」のような表現を
伴って，外界の状況を指定する。したがって，「* 彼は雪を
走った」のような表現は容認されない。状況を表すヲ格表現
も，（5b）で示されているように，他動詞の目的語と共起す
ることができる。

  ところで，この話の最初のところに出てきた「お忙しいと
ころを」であるが，これも一種の状況を表す表現と考えてよ
いかもしれない。というのも，「お忙しいところ」では，
「～のところ」の代わりに「～の中」という表現を使用して
もよいからである。

（6）a．お忙しいところを余計なお仕事をお願いしてしまい
       ました。
    b．お忙しい中を余計なお仕事をお願いしてしまいまし
       た。

（6）の例からわかるように，「お忙しいところを」も「お忙
しい中を」も，他動詞のヲ格目的語と共起しても文法的な文
となる。「お忙しいところを」は，かなり固定した表現なの
で，先に見た「雪の中を」のような状況を表すヲ格表現とは
別扱いをしてもよいかもしれない。というのも，「雪の中
を」は，「お忙しいところを」とは異なり，（7a）のように，
通常，「～中」という形式を用いる必要があり，同じ意味を
「～のところ」で表すことができないからである。

（7）a. 彼は雪の中を歩いた。

　　　b. 彼は雪のところを歩いた。

（7a）の「雪の中を」は，もちろん，状況の意味が表される。しかし，（7b）の「雪のところを」は，状況というよりは，「雪が降っている場所」あるいは「雪が積もっている場所」という場所としての解釈は可能であるが，状況の意味は表すことができない。

　ここまで見てきた経路のヲ格表現や，修辞疑問の「何を」の表現，状況を表すヲ格表現，および「お忙しいところを」は，個々に他動詞の対格目的語と共起しても，非文法的にならないことを見たが，これまで見たすべてのタイプのヲ格表現を（8）のように１つの文にまとめることもできる。

（8）こんなに忙しいところを，ひどい雪の中を，あなたは，

　　　何を，必死に，急な登り坂を自転車を押しているの？

（少し解釈しにくいかもしれないが）（8）は容認可能な文である。興味深いことに，（8）の文は，二重ヲ格どころか，五重にヲ格が現れている文である。これは，二重ヲ格制約は，いわば，家を二階建てにしてはいけないという制約であるけれども，実際には，二階建ての家どころか，五重の塔あるいは五階建てのビルを建てても大丈夫というようなものである。新築の家を建てようとしている人が二階建ての建物がダメと言われて，諦めかけているところに，多少条件があるにしても，五階建てにしてもいいと言われるとなんとなく不条

理を感じるのではないだろうか。いずれにせよ，先に見た二重ヲ格制約と言われているものは，ヲ格の表現が単に２つ並ぶから非文法的になっているとは言えないことになる。

　こんなことを書いていると，外から見ている人からは，「何を馬鹿なことを考えているんだ？」と言われそうである。（ここでも二重ヲ格制約が破られているが，特段おかしく感じられる表現ではない。）しかし，言い訳がましいが，こんなどうでもよさそうなことを考えていても，おもしろいと思ってもらえる人はいる。

　最初に述べたように，英語の scholar（学者）には「暇人」という意味がある。そして，こんなことを考える時間がある私は，実際に「暇人」だと実感する。今後，誰かが私の職業を尋ねてきたら，（最近は多少怪しくなっているが）「暇人」と言うことにしたい。ただし，公的な書類の職業欄に，それを書くのはちょっと気が引ける。以前，自動車免許更新の書類の職業欄に「フリーター」と書こうとしていた若者を目撃したことがある。その若者は，免許更新の受付の人に「そんなものは職業じゃない，アルバイトでいいから，今やっている仕事の名前を具体的に書きなさい」と叱られていた。免許証には職業は記載されないので書類の職業欄は空欄でも問題ないはずなのに，そんなことを言うなんて，お役人の四角四面の対応である。私も何かの折に提出する公的書類の職業欄に「暇人」と書こうとしたら何と言われるのだろうかと考えたら，やっぱり，公的な書類の職業欄には普通の職業名を書こうと思ってしまう。けっこう小心者である。

インスタ映えすることによって ごまかされる現実の姿

　最近では，みんながスマホを持っている。スマホは，スマートフォンの略である（携帯電話については，アメリカではセルラー方式の電話（cellular phone）が短くなった cell phone ということばを使うことが多い。イギリスでは mobile phone が使われることが多いようである）。しかし，現在のスマホは，電話というよりは，小型のコンピューターで，けっこういろいろなことができる。例えば，スマホには，カメラが搭載され，いくらでも写真が撮れる。また，いろいろなソフトを使えば，写真に手軽に手を入れる（調整する）こともできる。ただ，私は，どちらかというと写真に手を加えるのがあんまり好きではない。友人の中には，私の写真をとり，適当に手を入れて，見せてくる人たちもいる。自分の写真でも，加工された結果，あまりの変わりようにギョッとすることもしばしばで，友人は私の驚いた顔を見て楽しんでいるのである。このソフトを使えば，目を少女漫画のようにしたり頭に花飾りをつけたりして加工することができる。いかつい顔の男性も，簡単にお茶目でかわいい男の子に変身することができる。ゴッホの自画像がそのように変身したのを想像してもらいたい。

　近年は，インターネットも発達しているので，簡単に写真を投稿して，みんなが見られるようにすることもできる。特に，インスタグラムに写真をアップすることも多くなってきた。そして，インスタグラムで見栄えよく見える写真を表す（1）のような表現が登場した。

（1）「インスタ映え」する写真

この「インスタ映え」という複合語（複合名詞）の中には「映え（ばえ）」が現れるが，この「映え（ばえ）」は動詞にも転用されて「映える（ばえる）」として使われることがある。「映える（ばえる）」は，本来の動詞表現である「映える（はえる）」とは違って，「SNS に投稿した写真が際だって目立つ」という意味に使われるらしく，2018 年の新語

大賞の1つに選ばれている。(ただし，最近では，「映える（ばえる）」は，単に見栄えがいいものを表すように意味が一般化してきているようである。)

　言うまでもなく，複合語の「インスタ映え」は，「インスタ」と「映え」が複合されてつくられている。この中に現れる「映え」は，「映える」の連用形が名詞として用いられている。和語で複合語が形成されると，**連濁**（sequential voicing）と呼ばれる音の変化が起こることがある。連濁とは，例えば，「く→ぐ：靴（くつ）→革靴（かわぐつ）」「さ→ざ：酒（さけ）→樽酒（たるざけ）」「た→だ：竹（たけ）→竿竹（さおだけ）」「は→ば：箸（はし）→菜箸（さいばし）」のように，濁点の付かない仮名文字（カタカナ，ひらがな）で表記される音が濁点で表記される仮名文字の音（濁音）で発音されるようになる現象である。「インスタ映え」の「映え（ばえ）」もその規則に則ってつくられている。

　日本語では，動詞の連用形がしばしば名詞に転用される。例えば，「踊る」という動詞の連用形は「踊り」で，それが名詞として使用される。動詞が名詞に転用されるこのような現象は**転換**（conversion）と呼ばれる。「インスタ映え（ばえ）」は，動詞「映える（はえる）」の連用形「映え」を名詞に転換し，「インスタ」に複合することによってつくられている。そして，「映える（ばえる）」については，「インスタ映え（ばえ）」の中にある「映え（ばえ）」を動詞の連用形とみなし，そこから類推により終止形「映える（ばえる）」がつくりだされたと考えられる。このタイプの語形成は，**逆生成**（back formation）と呼ばれている。

　上で見たような名詞転換は必ずしも生産的ではないので，空白（ギャップ）が生じることがある。例えば，「食べる」という動詞から，「食べ」という転換名詞はつくることができない（つまり，規則としては可能なのかもしれないが，実際には，そのような語は存在しないのである）。いずれにせよ，「動詞の連用形→転換名詞」という派生の関係が認められるため，動詞の連用形の形をした名詞からは，類推によって，動詞をつくることができるのである。なお，「映える（ばえる）」については，「インスタ映える」から語の一部（「インスタ」）を落として新しい語をつくる**短縮**（clipping）により派生されたと考えられないこともないが，「インスタ映える」という動詞は，存在しないかあまり使われない（通常は「インスタ映えする」の形で使われる）ので，短縮によりつくられた可能性は低い。

　「インスタ映え」の「ばえ」という音は，連濁の規則が当てはめられたことにより生み出されている。動詞の「映える（ばえる）」については，連濁の規則が適用される複合語から取り出されているのにもかかわらず，連濁が保持されたままになっている。和語は通常は濁音では始まらない。そして，通常の意味で使われる「映える」は，「はえる」と発音されるため，濁音で始まり特殊な意味で使われる「映える（ばえる）」はけっこう新奇な語形成のように感じられる。

　しかし，このタイプの語形成は，以前からあったようである。少し前の「新語」になるが，(2)の「ぶりっ子」という表現がある。

（2）あそこにぶりっ子がいる。

ただ，実際には「ぶりっ子」は「新語」と呼ぶには古くなりすぎている。もちろん，「ぶりっ子」の「ぶり」は魚のブリとは関係がない。「ぶりっ子」には，「わざとらしくかわいい子のふりをしている女の子」という意味がある。（「ぶりっ子」のように，人間を表す部分が「子」だけだと，男の子を指してもいいはずであるが，通常は，女の子しか表すことができない。）

　「ぶりっ子」の「ぶり」は，「かわい子ぶる」に含まれる動詞の「ぶる」と同じで，もともとは「振る舞い」の中に現れている動詞「振る（ふる）」から来ている（通常，「振る」を単独で使用する場合には，この意味はない）。「ぶる」自体は，辞書では，接尾辞として扱われているものがあるが，基底の形としては「ふる」であると考えられる。というのも，対応する名詞接辞の「ぶり」は，「男ぶり」に現れるが，強調をすると，「男っぷり」という形になる。これは，「腹」の複合において，「横腹（よこばら）」が強調されると「横っ腹（よこっぱら）」となるのと同じ現象である。「横腹（よこばら）」と「横っ腹（よこっぱら）」に現れる「腹」はもともと「はら」なので，「男ぶり」と「男っぷり」に現れる「ぶり」と「ぷり」も，もともと「ふり」ということになる。したがって，「ぶりっ子」の「ぶり」は，「かわい子ぶり（かわいい子のふり）をする女の子」の連濁を起こした「ぶり」の部分を取り出してつくられていることになる。（ただし，動詞の「大人ぶる」は常に「ぶる」が使用され

て，いくら強調しても「ぷる」という形（「*大人っぷる」）
は生起しない。）

　「映え（ばえ）」や「ぶり」は，本来なら連濁という規則
が当てはめられてつくられた形である。また，「ぶり」から
単独形の動詞の「ぶる」もつくることができ，「ぶってるん
じゃないよ」などと言う時には，「かわい子ぶっているんじ
ゃないよ」という意味を表すことができる。この表現に慣れ
ていない私は，このことばを聞くと，「かわいい子をぶって
いる（なぐっている）」と言っているのと勘違いしそうにな
る。いずれにせよ，「映える（ばえる）」や「ぶりっ子」で
は，複合語から一部を切り取って新しい語がつくられている
のである。「映える（ばえる）」や「ぶりっ子」は，語頭の
音が連濁という文法規則によって派生されているということ
が無視されている（あるいは意識されていない）。和語は通
常，語頭には濁音が現れないので，和語の音の配列規則を破
った形となり，これらの語が新奇な感じを与えることになる
のである。

　省略が起こると語頭に濁音が生じることは，しばしば起こ
る。多少，スラング（俗語）ぽくなるが，焼き鳥の「砂ず
り」は「ずり」，「かつら」は（「かつら」は「かづら」とも
言うため）「づら」のような省略した言い方もある。世間か
らはみ出すという意味の「ぐれる」は，（貝殻をひっくり返
すとぴったりとはまらなくなるという）「はまぐり」を逆さ
にした「ぐりはま」から「ぐれはま」が派生し，最初の二文
字をとって，（「る」を付けることで）「ぐれる」となったと
のことである（「事故」から「事故る」をつくるのと同じ造

語法）。より身近で親しみのある語としては，（3）のような
語もある。

（3）豚バラ肉

（3）の「豚バラ肉」は，単に「バラ」とも言われることがあ
る。このバラは，牛の焼肉だとカルビとも言われる（カルビ
は韓国語由来の語である）。これは，あばら骨周辺の肉のこ
とを表す。つまり，「バラ」は，もともと「あばら骨」の
「あばら」から「あ」を落として，つくられた造語である。
したがって，（3）は，「豚のあばら肉」ということになり，
（4）のような形で語がつくられたと考えることができるであ
ろう。

（4）豚のあばら肉　→　豚のバラ肉　→　豚バラ肉

ただ，ややこしいのは，動物の体にはお腹もあるので，考え
方によっては，「豚バラ肉」は，「豚の腹の肉」ともとれな
くはない。この場合，「豚バラ」は，訓読みの「腹（はら）」
が連濁を起こして，「豚バラ」になっていることになる。そ
うだとすると，「豚バラ肉」は，もとは「豚のハラ肉」（＝
「豚の腹肉」）であるということになる。

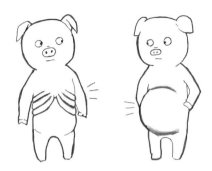

しかし，日本では，通常は，「豚のハラ肉」や「豚の腹肉」
は売ってはいない。したがって，「豚バラ肉」は，「腹」が
連濁を起してできた「豚の腹肉」ではないのである。

　以前，テレビで，人間の味覚は，非常にだまされやすく，
食べていると思い込んでいるものを食べている気になること
を示す実験が放送されているのを見たことがある。その実験
とは，被験者に，ＶＲ（バーチャルリアリティ）のヘルメッ
トをかぶらせて，どんな味がするのかを報告させるものであ
った。私が見たのは，クッキーの試食実験で，プレインのク
ッキーを食べさせるのであるが，被験者は，チョコクッキー
の映像を見せられていた。そして，実験をしている人が，被
験者にどんな味がしますかと聞くと，驚いたことに，被験者
は，「美味しいチョコレートの味がします」と答えていた。
実際には，そんな味はしないはずであるが，チョコクッキー
を食べていると思い込んでいるので，チョコレートの味を感
じているのである。

　先に見たバラ肉の場合，バラ肉をあばら骨の部位の肉と思

っている人と，勘違いしてバラ肉をおなか（腹）の部分の肉と思っている人がいる。この人たちは，バラ肉を食べる時に，どの部位の肉を食べているのかについて思っていることが違っている。クッキーの実験の結果を考えると，何を食べていると思っているかによって，同じ「豚バラ肉」を食べていても，食べている人の感じる豚肉の味や舌触りはまったく違ってくるのではないだろうか。

「かかか」「ととと」「ててて」が意味をなす表現になる？

　大学は高校とは違い，ほとんどの授業を自由に選択できるようになっている。このため，大学生は自分の専門や自分の目標に従って授業をとっていく。私の授業は，ことばの研究を専門とする学生がとる授業が多いので，けっこう動機付けがはっきりしている。しかし，学生にいくら動機があると言っても，授業時間は中学・高校よりはかなり長いので，どうしても学生は退屈してしまうことがある。そして，私の声は低い方で単調にしゃべるので，聞いているうちに眠くなる学生が多いようである。眠くなって我慢しきれなくなった学生は，授業中であるのにもかかわらず，時にボートを漕ぐように頭をゆっくりと揺らせながら，気持ちよく寝入ることになる。そんな学生は，（どれくらい効果があるのかわからないが）睡眠学習をしている。ちゃんと授業を聞かせるなら，目を覚まさせるべきなのであろうが，これは（無意識であっても）本人の選択であり，特に授業の邪魔にはならないので，そのまま寝かせておくこともある。

　普段，私は授業であまりサービスをしない。しかし，たまには，少しでも楽しませようとして，学生に頭の体操をさせてみることがある。今回はそのネタの一部を紹介してみたい。そして，まさにそのネタが今回のタイトルである。今回の話のタイトルをさっと見たら，きっと不思議に思われたにちがいない。カギ括弧で囲まれたところは，同じ文字が並ん

でいるし，３つのカギ括弧に入った文字列を続けて読むと，何か吃ってしゃべっているような印象を持つかもしれない。また，ちゃんとしたことばになっていないように思えるかもしれない。しかし，カギ括弧の中に入ったことばは，文法的な文から抜き出した表現の一部なのである。

　今回の話は，ことば遊びの一種と考えてもらっていいのではないかと思う。実際に，同じ文字を並べて，意味のあることばにすることは，ことば遊びでよくやる。例えば，「すももももももものうち」では，「も」が８つ並んでいる。これは，一見すると，何のことかわからないかもしれないが，漢字・カタカナ・句読点などを使って，「スモモも桃も，桃のうち」のように分節すると，何を言っているのかわかるようになる。私の高校時代の先生の１人（国語の先生）は，これに足のももを指して，「これも「もも」ねっ」と言って，先の「すももも……」にこの「足のもも」を足して，「すもももももも［もも］もものうち」という冗談を何回も言っていたのを思い出す（角括弧がその該当部分で，これだと 11 個もの「も」が連続して並ぶ）。これを分節すると，「スモモも桃も，（足の）ももも，もものうち」となって，最後の「もも」が何を表すかわからなくなるが，とにかく，なんとなく意味のある表現にはなる。ネットでは，もっと長い「すもももももももももももにもいろいろなもの（もも？）がある」が見つかった。これには「も」が 12 個も連続して並んでいる。分節すると，「スモモも桃，桃も桃，桃にもいろいろなもの（もも？）がある」というようになるようである。これにも，私がならったことがある国語の先生のよう

に，「（足の）もも」を付けようと思えば付けられる。ただ，やり過ぎのような気もする。

　「も」が何個も並んでいる表現を例として使ったので少し長くなったが，こんなに「も」がたくさん並べることができるようになる要因として見逃してはならないのは，**内容語**（content word）に「もも（桃）」のような同じ文字を並べたものがあることと，文法的な関係を示す**機能語**（function word）にも（「AもBも」のように）累加を表す「も」があることである。これからの話は，このような組み合わせで，同じ文字を並べるのではなく，できるだけ文法的な関係を示す機能語だけを組み合わせて，同じ文字列がいくつ並ぶかということを考える頭の体操をしたい。

　ずばり，ここでは，「だれかかか」とか「あの人ととと」とか「すててて」の文字の連鎖が文法的で意味のある文中に起こる可能性があることを見ていく。授業の頭の体操で学生に考えてもらうのは，どのような文があれば，その中にある「だれかかか」「あの人ととと」「すててて」という表現が出てくるのかということである。一見，そんなことは不可能なように見えるが，「かかか」や「ととと」や「ててて」は，ちゃんと意味のある表現になる。少しむずかしく言うと，「かかか」や「ととと」や「ててて」の文字列が意味のある文法要素の連続（つまり語彙的な要素と対立する機能要素の連続）として現れることが可能なのである。

　私の授業に出席している学生は，ことばにある程度の興味を持っているので，この頭の体操をクイズとして出すと，最初不思議そうな顔をするが，そのうち，目を輝かせて考え始

める。（ただ，学生が教室で「かかか」「ととと」「ててて」などの音の連続を出して，何か真剣に考えているのを何も知らない人が目撃すると，きっと異様に思うに違いない。）読者のみなさんにも，少し時間をとって，どうしたらこれが意味ある表現になるのか頭をひねってもらいたいところである。しかし，紙面の都合もあるので，もったいぶらずに，答えを出していくことにしたい。

　まず，「だれかかか」から話を始めると，「だれ<u>か</u>かか」の左から1つめの「か」は，（1）のように，「だれ（誰）」「なに（何）」のような代名詞と結びついて1つの表現をつくりだす「か」である。

（1）だれ<u>か</u>が来た。

「だれ」＋「か」の組み合わせは，英語だと someone に相当する意味を表し，むずかしい用語を使えば，**存在量化表現**（existential quantifier）をつくる。

　次に，「か」は，英語の or に相当する機能語としても働く。「だれか<u>か</u>か」の2つめの「か」は，（2）のように，**等位接続**（coordination）の表現をつくる。

（2）ジョンかメアリー<u>か</u>に会った。

「か」は，等位接続をする要素の間に挟んで「ジョンかメアリー」という表現をつくることができるが，それぞれの要素に「か」を付けた「ジョンかメアリーか」という表現をつく

ることもできる。最後の「か」は付けても付けなくてもよい
（つまり，**随意的**（optional）である）。
　「だれかか<u>か</u>」の３つめの「か」は，（3）のように，疑問
を表す「か」である。

（3）それが正しいの<u>か</u>？

これらの「か」は同じ音で発音されるものの，別個の機能を
果たしている。これらの３つの「か」は，（4）のようにす
れば，一列に並べて表現することができる。

（4）犯人は花子か別のだれ-<u>か</u>-<u>か</u>-<u>か</u>？

　　　　　　　　　　（1）（2）（3）

つまり，タイトルの最初にある「かかか」は，例えば，花瓶
を壊した犯人を捜している人が，「花子」やその他の人を犯
人じゃないかと疑って発せられた（4）のような文から下線部
を抜き出したものである。「か」が３つ連続して並んでいて，
多少プロセスしにくいが，それぞれの「か」は，矢印の例の
番号に対応する「か」である。適当なイントネーションで発
話してみると，頭をひねりながらでも，文法的な文で適切な
解釈を与えることができるのではないかと思う。

　次に,「あの人ととと」であるが,「ととと」も「かかか」と同じように,それぞれの「と」が異なる文法機能を担うことができるので一列に並べることができる。「ととと」の場合は,「かかか」とは違って少なくとも2つの可能性を考えることができる。

　まず1つめの解釈の可能性について考えてみると,「あの人とととと」の左から1つめの「と」は,等位接続をする「と」で,(5)に現れる「と」と同じ機能を持つ。

(5) ジョンとメアリーとが来た。

(5)の「と」は,等位接続の「か」と同じように,「ジョンとメアリー」という表現とともに,それぞれの要素に「と」を付けた「ジョンとメアリーと」という表現をつくることもできる。

　次に,「あの人ととと」の2つめの「と」であるが,これ

は，「一緒に」という意味を表す「と」である。

(6) 私はあの子と遊んだ。

この「と」は，「ともに」という意味を表し，**共格**
(comitative) の「と」と呼ばれることがある。英語で言
えば with に相当する表現である。
　「あの人ととと」の３つめの「と」は，変化の結果を表す
「と」である。

(7) ついに喧嘩となった。

この変化の結果を表す「と」は，多くの場合「に」と交替で
きる。したがって，「喧嘩となった」は，「喧嘩になった」
としても同じ意味が表される。そして，これらの３つの
「と」を組み合わせると，例えば，(8B)のような表現をつ
くることができる。

(8) A：今回の旅行ではだれと一緒になるんですか？
　　 B：山田さんと田中さん-と-と-と-なります。
　　　　　　　　　　　　　　 ↑　↑　↑
　　　　　　　　　　　　　　(5)(6)(7)

つまり，(8B)が表している意味は，旅行で一緒になる予定
の人が山田さんと田中さんであるということである。
　なお，３つめの「と」に関しては，可能性がもう１つ考

145

えられるため，別の解釈も可能になる。「あの人とと<u>と</u>」の最後の「と」とは，(9)に挙がっている「と」とみなすこともできる。

(9) 彼は「そうだ」<u>と</u>言った。

(9)の「と」は**引用**（quotation）を表す。そして，(9)の「と」を(5)と(6)の「と」と組み合わせると，(10B)のような表現をつくることができる。

(10) Ａ：だれと一緒に旅行に行くと言われたの？
　　　Ｂ：山田さんと田中さん-<u>と</u>-<u>と</u>-<u>と</u>-言われた。
　　　　　　　　　　　　　　　↑　↑　↑
　　　　　　　　　　　　　　(5)(6)(9)

(10B)の場合は，一緒に旅行に行くのが山田さんと田中さんだと言われたという意味になる。(8B)も，(10B)と同じように「と」の文字列が３つ並んでいるが，適切なイントネーションで読むとその内容が理解できるはずである。

　最後に，「すててて」であるが，これは多少チャレンジングで，頭をひねる必要があるかもしれない。まず，「す<u>て</u>てて」の左から１つめの「て」であるが，これは，「捨てる」の**語幹**（stem）に現れる「て」で，これ自体は，機能語ではない。動詞には「立てる」「捨てる」「当てる」のように，語幹が「て」で終わるものがあるので，「て」をできるだけ連続させるのに，これを使用している。

　「すて<u>てて</u>」の２つめの「て」は，動詞の後にいわゆる補助動詞が続く場合に現れる「て」である。

（11）太郎は走っ<u>て</u>いる。

この場合の「て」は，補助動詞「いる」に接続するために現れる要素で，特に実質的な意味はない。この「て」は動詞の後に来る要素で，時制を表す「る」や「た」が入る位置に現れる。
　「すて<u>て</u>て」の３つめにくる「て」は，（12）のように，補助動詞の「いる」の後にさらに述語要素が続く場合に現れる「て」である。

（12）走ってい<u>て</u>ほしい。

（12）の「いて」の「て」は，（11）の「て」と同じ「て」であり，特に実質的な意味はない。興味深いことに，補助動詞の「ている」は，**縮約**（contraction）を起こして「てる」という形をつくることができる。

（13）太郎は走っ<u>て</u>る。

（13）の「走ってる」に「ほしい」を付けると，「る」が「て」に変わって，（14）のような表現ができる。

（14）あなたに走って<u>て</u>ほしい。

これで「て」が２つ並ぶことになる。これだけだと，文末が「て」で終わらないが，（15）のように，命令や依頼をする時に使用する「て」もある。

（15）a．これを食べて（ください）。
　　　b．これを食べてて（ください）。

この場合の「て」は，後に続くはずの「ください」が省略されていると考えることができる。縮約が起こった「これを食べてる」を命令や依頼をする表現にすると，（15b)の「これを食べてて」という表現ができる。そして，「捨てる」に対して，そのような操作をすると，（16)のような表現ができる。

（16）ゴミを捨ててて（ください）。

言うまでもなく，（16)は，誰かが誰かにゴミ捨てをお願いしているような文脈で発せられるような文である。
　これで，「て」の文字が３つ並んだことになる。命令の「て」は少し強勢を置く必要があるが，適切なイントネーションで発音すると理解できるはずである。

　これくらい学生の頭をひねらせると，学生も乗ってきて，頭を使い出す。そして，たまに，こちらで気がついていなかったことを提案してくることがある。ある学生は，「捨ててて」の後に「～って言ってた」のように引用の「って」を付けると，促音の「っ」は入るけども，さらに「て」が並ぶと言ってきた。そうすると，「だれかが「ゴミを捨ててて」って（言っていた）」のような表現ができる。そうすると，「て」が４つ並ぶことになる。とりわけ，かなり頭をひねらなくては一列に並ぶことがない機能語の「て」が３つも続くと，なかなか見事なものである。日頃寝ている学生も，目が覚めるといろいろ考えられるなと感心した。

　文法要素（機能語）は，短い音のものが多く，「で」や「に」のように，同じ文字で表すような機能語であっても，異なる機能を持っていることが多い。そうすると，少し頭をひねると，「ででで」や「ににに」のように，同じ文字列を

一列に並べて，意味のある表現をつくることができるかもしれない。また，同じ文字列でなくても，「かとかも」や「とともか」のように一見無意味に見える文字列にもよく考えると，何か意味を与えることができるかもしれない。これらの文字列が何か意味のある表現になるかを検証するのは，読者のみなさんにお任せすることにしたい。できる，できないについてはここでは何も言わないことにするが，いずれにせよ，普段は私の授業で安らかにボート漕ぎをしている学生が目を覚まし喜んでやっていたように，（特に目覚ましのためには）いい頭の体操になるので，とにかく読者のみなさんにもやってみてもらいたい。

日本語の自動詞文を通して見る 世界記録とファンタジーの世界

エッセイ
17

　いきなりではあるが，私は世界記録保持者であると言った
ら，どう思われるだろうか。「えっ！」と思う人もいるだろ
うし，「何をばかなことを言っているのか？」と言う人もい
そうであるが，これは事実である。ただし，世界記録と言っ
ても，数あるギネスの世界記録の1つである。ご存じのよ
うに，ギネスは，（真面目なものから珍妙なものまで）さま
ざまな世界記録を認定している。私は，その中の記録の1
つに関係しているのである。実を言うと，私の住んでいる宝
塚市には宝塚歌劇があり，そのこともあって，一列に並んだ
ラインダンスでギネスに挑戦するという企画が2014年に
あった。私は，そのイベントに参加したのである。

　ネットに残っていた新聞記事によると，それまでのライン
ダンスの参加人数の世界記録は2569人で，宝塚市であっ
たイベントに参加登録した人は5500人ほどであった。そ
して，そのイベントに実際に参加した人は4563人であっ
た。その中にラインになって踊っていなかったとして無効と
判断された人がいて，ラインダンスを踊ったと認定された人
数は4395人となっていた。選挙で言うなら，いわば，有
権者5500 → 実際の投票4564 → 有効票4395みたいな
ものである。3キロに及ぶ列の中を誰がどうやって無効の人
数をかぞえたのかわからないが，ギネスの関係者が来てい
て，カウントの公表はイベント終了直後にあり，即時開票で

151

その数字が世界記録に認定されたのである。ネットで最新のギネスブックを調べてみると，宝塚のラインダンスの記録は，今も世界記録として残っていることがわかったので，私はいまだに世界記録保持者の一人であることになる。

ただし，これは私が無効となった人の頭数の中に入っていないことが前提となる。しかし，これは調べようがない。また，失格と指摘された記憶もないので，これが正しいと信じることにする。

　記録に対しては，「破られるためにある」ということがしばしば言われる。このようなことを言うのは，どんな偉大な記録でも後進が新たに記録を打ち立てることを期待するからである。この表現で使われている「破る」は，（1a）のように目的語をとる他動詞で，（1a）から（1b）の受動文をつくることもできる。

（1）a. あの選手が世界記録を破った。
　　　b. 世界記録があの選手によって破られた。

他動詞「破る」については，対応する自動詞として「破れる」がある。しかし，「破れる」では，「世界記録が更新された」という意味では使えないので，(2)はおかしな文になる。

(2) ＊世界記録が破れた。

同じ「破る」「破れる」でも，「物理的に裂く，裂ける」という意味であれば，(3)のように，他動詞文に対応する受動文も自動詞文もつくることができる。

(3) a. 誰かがポスターを破った。
    b. ポスターが誰かに破られた。
    c. ポスターが破れた。

「世界記録」と「ポスター」という主語の違いによってなぜ(2)と(3c)のように自動詞文で文法性の違いが出るのであろうか？ この現象は，「世界記録」は人間によって行われる行為の結果として出てくるのに対して，「ポスター」の破れは人間の行為が介在せずとも自然に起こりうるからであるとされることがある。

　実際に，「破る」と「破れる」の他動詞・自動詞のペアは，(4)で示されているように，行為（あるいは使役）の意味があるかないかの違いがあるとされる。

(4) 行為 → 変化結果

　他動詞： ＝＝＝ ＝＝＝＝＝

　自動詞： ＝＝＝＝＝

つまり，他動詞「破る」は，何らかの行為があってその働きかけによって，変化結果が生じるという意味を表すのに対して，自動詞「破れる」では，変化結果の意味のみが表されるということである。このような対応関係を持つ交替は，（自動詞と他動詞の間で成り立つので）**自他交替**（transitivity alternation）と呼ばれたり，（意味的にはいわゆる行為を表す使役の意味の部分の取り付け・取り外しによって成り立つので）**使役交替**（causative alternation）と呼ばれたりすることがある。

　先の(3)の「ポスター」の破れは，人間の行為以外の原因で起こったり，自然発生的に起こったりする可能性があるため，原因を無指定にした形で，(3c)のように表現することができる。これに対して，「世界記録」の樹立には，必然的に人間の行為が必要で，それがあることで初めて成り立つものであるため，(2)のようには表現できないと言うのである。ちなみに「記録を破る」の場合は，自動詞で「＊記録が破れる」のようには表現できない。しかし，受身形の「記録が破られる」は適格な表現である。これは，他動詞がたとえ受身形になっても，動詞の表す意味の部分は，能動形の動詞と同じになるためである。

　実際に，他動詞「破る」の目的語としては使用できても自動詞「破る」の主語としては使用できない名詞には，人間の

行為が介在しないと成立しない「約束」「法律」などがある。したがって，「あの人はその時に {約束／法律} を破った」や「その時に {約束／法律} が破られた」と言うことはできるが，「*その時に {約束／法律} が破れた」と言うことはできない。

　また，他動詞「燃やす」と自動詞「燃える」のペアでも，「{闘争心／闘志} を燃やす」や「{闘争心／闘志} が燃やされている」と言うことはできても，「* {闘争心／闘志} が燃える」と言うことはできない。これも，「闘争心」や「闘志」は人間がいないと観察されない現象であるからであろうか。ただし，想像するとなんとなくおかしい気もするが，犬や猫でも「闘争心」を燃やすことはあるかもしれない。

　この主張の正しさを示す証左として，動詞が人間の行為が必ず関与して成立する出来事を表す場合には，他動詞しか存在しないということがしばしば言われる。

(5) a.　子供が絵本を読んでいる。
　　 b.　先生が黒板に字を書いている。

「読む」や「書く」という行為は，基本的に人間が行わないと成立しないので，「読む」や「書く」の自動詞形はないし，自動詞文も成立しない。このことの延長線上で，たとえ，「破る」に「破れる」という自動詞があっても，(2)のような自動詞文が成立しないとするのである。ちなみに，ここで言っている「人間の行為」は，現実世界では，ロボットやコンピュータや機械で実現できる場合もあるので，ここで

言う行為は，必ずしも人間によって行われなくても，人間に相当するようものによって行われる行為と考えてもらいたい。

　しかしながら，この説明には少し無理があると言わなければならない。「ポスター」の場合は，（3c）のように自動詞文が成立するが，「窓」では，（6c）のように自動詞文は成立しない。

（6）a．泥棒が窓を破って侵入した。
　　 b．窓が泥棒に破られた。
　　 c．*窓が破れた。

他動詞の「破る」は壊すという意味を表す。他動詞からは，（6b）のように受身をつくることができる。しかし，（6c）からわかるように，この出来事を，他動詞に対応する自動詞「破れる」では表現することができない。これは，「世界記録」の場合と同じであるが，「窓」が壊れるという事態は，人間の行為が関与していなくても成立する可能性があるので，（6c）が言えてもよさそうであるが言えない。

　「窓を破る」の場合は，「破る」が本来とは少し違った意味で使われているので，自動詞文が成立しないと言い逃れをすることも可能かもしれない。しかし，人間の行為が関与しないと成立しない事態を表していても，自動詞文が成立する例も意外に簡単に見つかる。以下で，いくつか例を挙げてみる。

(7) a. あの大工さんが一軒家を建てた。

　　 b. その一軒家があの大工さんによって建てられた。

　　 c. 一軒家が建った。

「一軒家」は，人間が何かの行為を行わないと建てられない。つまり，空想の世界でもない限り，一軒家はキノコみたいにニョキニョキと自然には生えてこないのである。

それでも，(7c)のように，自動詞の「建つ」を使って家の建築という出来事を表現することができる。「建つ」は「立つ」とも書かれる。「立つ」は，主語の種類により自他交替が成立する場合と成立しない場合がある。例えば，「目処を立てる／目処が立つ」「生計を立てる／生計が立つ」「仮説を立てる／仮説が立つ」「腹を立てる／腹が立つ」では自動詞文と他動詞文の両方が成立するが，「手柄を立てる／*手柄が立つ」「身を立てる／*身が立つ」「目くじらを立てる／*目くじらが立つ」のように他動詞文しか成立しない場合も

ある。

　次に、「崩す」のような他動詞の場合には、目的語として「お札」のような名詞句をとってもよい。「お札を崩す」場合には、お金の交換という行為が関わることになるが、（8）で示されているように、他動詞の「崩す」でも自動詞の「崩れる」でもお金の交換の意味を表すことができる。

（8）a. 私は売店で一万円札を崩した。
　　 b. 一万円札はあの売店で崩された。
　　 c. 一万円札が崩れた。

通常、他動詞の「崩す」を「積み木を崩す」や「ビルを崩す」のように使った場合には、自動詞の「崩れる」を用いて「積み木が崩れる」や「ビルが崩れる」のように言うこともできる。そして、「積み木」そのものは、崩れた前後で変化はしない。しかし、（8）のように、「千円」を崩した場合には、500円硬貨2枚のような形になり、元とはまったく違ったものになる。もちろん、お金の交換という何らかの行為が関与せずにまったく自然に千円札が硬貨に変わることはない。それでも、（8c)の自動詞文は成立するのである。

　通常は、「お札を崩す」には、持ち主が何か買い物をするか、両替商みたいな人物が介在してお金を交換する必要がある。マジックでは、マジシャンが手を触れずに紙幣を硬貨に変えてしまうことがあるかもしれない。しかし、この場合でも、マジシャンは、手を触れずにお金を交換したように見せかけているのであって、実際には、マジシャンがお金を何ら

かの方法で入れ換えているのである。

　ある出来事が成立するのに人間の行為が不可欠である場合には自動詞文をつくることができないという従来の説明は必ずしも成り立たなさそうである。そうでないと，私たちの行為がなければ成り立たない出来事が多い日常生活が，ルイス・キャロルの『不思議の国のアリス』のようになってしまう。少し例を挙げると，「いつものようにステーキがミディアムレアにおいしく焼けた」は可能な表現である。しかし，実際には「誰かがステーキをミディアムレアにおいしく焼く」ことによって，この出来事・事態が成立する。そして，微妙な焼き具合は人間が関わっていないとできない。（火事でステーキの肉が焼けることはあっても常にミディアムレアに焼けるわけではない。普通は，真っ黒焦げに焼けて炭みたいになってしまう。）もし人間が関わっていないとすれば，ステーキが生き物みたいに熱せられたフライパンに飛び乗って，適度な焼け具合になった時点で，「あ〜いい具合だ」と言いながら，お皿に移って寝転がる必要があるのではないだろうか。

　家の中から外を見ると，「飛行機が飛ぶ」様子や「車が走る」様子が見える。飛行機や車もまた，人間が操縦しないとうまく動かない。そうでないなら，飛行機や車は，自力で行動するしかない。そうすると，飛行機は，「ああ今日はいい気持ちだ」と言いながら，渡り鳥のように翼をばたばたさせて飛んでいたり，車は，「わあ〜仕事に間に合わない」と叫びながら，ウサギのように，慌てて走り去っていったりということがあちこちで起こっていることにならないだろうか。

そうだとすると，私たちの住む世界はファンタジーの不思議の国である。いずれにせよ，自動詞と他動詞のある動詞のペアにおいて，他動詞の目的語がどのような場合に自動詞の主語になれてどのような場合になれないのかについてもう少し考える必要があることは間違いなさそうである。

誰が責任者なのか
わからなくなる変な構文

エッセイ 18

　日本史や世界史の授業では，日本や世界の歴史についていろいろと知ることになる。石器時代から始まって現代に至るまでの歴史を学ぶ。歴史は，どのような出来事がどのような経緯で起こったかなど，流れをつかむことが大切なのであろうが，歴史的な事実をおぼえる作業がどうしても多くなる。昔は，歴史的な出来事が起こった年なども一緒におぼえることもしていたが，最近は，あまり数字をおぼえることはしないようである。歴史的な事実は知っておかないと歴史を知ったことにはならない。そんな時には，頭の体操のつもりでクイズを出し合うと，動機付けができて学習がしやすくなる。

　歴史では，歴史上の人物がどのようなことをしたのかというクイズが出しやすい。例えば，（1）をクイズの問題として出したとしよう。

（1）飛鳥時代の西暦 607 年に法隆寺を建てたのは誰ですか？

飛鳥時代の日本の歴史を勉強している人なら即座に「聖徳太子」という答えを返すはずである。ただ，そんな時に，少しいたずら心を出して，「ブー，不正解」として，「正解は，大工さん」と言ったりすることがある。もちろん，聖徳太子は法隆寺を建てた（建立した）とは言われるものの，木材を

運んだり切ったりして，法隆寺を建てたのではないはずで，直接そんなことをしたのは，大工さんである。文法的には，「建てる」という他動詞は，主語にその行為を行う**動作主**（agent）をとり，行為が行われた結果できあがったものである**対象**（theme）を目的語にとる（ここでは「法隆寺」）と言われる。したがって，厳密な意味での動作主がクイズの解答になるのであれば，「法隆寺を建てた」のは，大工さんということになる。

　これはジョークであって，通常は，そういうことでは納得してもらえない。もしそれが真面目に答えになりうるなら，世界や日本の歴史は，全然違ったものになってしまう。この論理に従えば，大阪城を築いたのは，豊臣秀吉ではなく，築城のために駆り出された職人だろうし，エジプトのギザのピラミッドをつくったのもエジプトの王様ではなくて，巨大な石を引っ張ったりする仕事をさせられた奴隷の人たちということになる。

　なお，(1)の「建てる」の主語を厳密に動作主であると考えたとしても「聖徳太子」が答えとなる場合も考えられる。聖徳太子が大工さんだった可能性が完全に排除されるわけではないからである。万一，聖徳太子が大工として法隆寺の建設に関わっていたとすると，問いの答えは「大工」であれ「聖徳太子」であれ正解となる。

　このような奇妙なことが起こるのは，歴史上の出来事を表す
文に限ったわけではない。例えば，私たちがお金を貯めて
「ようやっと，小さな一軒家を建てた」と言うことがある
が，「建てる」の主語が厳密に動作主を表さないといけない
のであれば，そのようなことは言えなくなる。通常，家を建
てるという実際の作業は，大工さんなどの職人がするので，
「動作主」を厳密に解釈すると，その注文をした人は動作主
には入らず「建てる」の主語として認定されないことになっ
てしまう。そうすると，他動詞の「建てる」は，意味的な規
則としては，主語として動作主をとるものの，その動作主
は，実際の運用としては，行為（作業）をする人だけでな
く，それに関する責任を持つ人，つまり，その指図や命令を
した人までが含まれるとしなければならない。

　しかし，動作主を主語としてとる他動詞でも，動作主とは
考えられないような主語が現れることもある。例として，
(2)のような文を考えてみよう。

（2）去年，鈴木さんは胃の手術をした。

「する」という動詞は，主語に動作主をとり，目的語に動作が向けられる対象を表す表現をとることができる。（2）の場合には，主語が「鈴木さん」で，目的語が「手術」である。そうすると，「手術をする」のはお医者さんの「鈴木さん」ということになる。実際に，（2）の文は，そのような解釈もできるが，医者でない人が「手術をする」と言った場合には，通常，手術の行為をする人ではなく，手術を受ける人（患者）が主語として現れる。この時には，（2）の主語の「鈴木さん」は，狭い意味での動作主は言うに及ばず，広い意味での動作主でもない。この場合，主語は，手術を受ける対象（専門用語では**被動者**（patient））として解釈される（偶然だが，英語の patient には，「患者」という意味がある）。

　ちなみに，（2）の「鈴木さん」が手塚治虫の『ブラックジャック』に出てくる天才外科医のような医師なら，自分自身に対して大手術を行い，自分の胃にできた腫瘍を切除できるかもしれない。その場合，主語は，動作主（医者）であり，かつ被動者（患者）であるということになるが，（2）の文の解釈としては，主語の「鈴木さん」は，医者か患者のどちらかであって，両方の役割をしているという解釈はない。

　上で見た奇妙な解釈は，いつでも起こるわけではない。同じ「する」を用いても，（3）の主語は，動作主としてしか解釈できない。

（3）鈴木さんが宿題をした。

（3）は，鈴木さんとは別の誰かが鈴木さんの宿題をしたという意味はなく，鈴木さんが宿題をするという行為を行ったという解釈しかない。現実世界では，誰かに宿題をやってもらって，「宿題をした」と主張することがあるかもしれないが，そのような状況で，（3）を言えば不誠実なことを言っていることになる。これに対して，（2）の場合では，別に不誠実なことをしているという含意はなくて，普通に，鈴木さんは手術を受ける患者（被動者）と解釈できる。
　さらに言えば，「手術をする」という表現でも（4）のようになると，主語は，被動者としては解釈できなくなる。

（4）鈴木さんは田中さんの胃の手術をした。

（4）の可能な解釈は，鈴木さんが医者で，田中さんが手術を受ける患者である。そして，鈴木さんが患者で田中さんが医者であるという逆の解釈はできない。「田中さんの手術の日程が決まった」という表現の中の「田中さん」は，手術をする医者という解釈も手術を受ける患者という解釈も可能なので，もし，主語も自由に医者と患者の解釈が可能であるならば，（4）では，鈴木さんが患者で，田中さんが医者となる解釈があってもよさそうであるが，そのような解釈はない。
　日本語では，（2）のように，主語の意味を2通りにとることができる表現はけっこう見つかる。例えば，（5）では，通常は，私自身ではなく，理容室で働いている人が私の髪を

切ったことを意味する。

（5）私は昨日あの理容室で髪を切った。

　もちろん，状況的には，私がその理容室で働く理容師で，自分の髪を切ったということも考えられる。しかし，「私は理容室で子供の髪を切った」と言った場合には，理容師の解釈しか成り立たない。英語では，他動詞 cut（切る）を用いて，誰かに髪を切ってもらう状況を記述するには，I cut my hair. ではなくて，I had my hair cut. という使役文を使うか，あるいは，I got a haircut. のように言わなくてはいけないことは，英語の授業で習ったのではないかと思う。日本語の表現をまねて，I cut my hair. と言っても，自分で髪を切ったという意味しか表さないのである。
　（6）も同様である。この場合も，他人の骨を折る行為をしたという意味と，自分で意識してやったわけではなく，事故で自分の足の骨を折ったという被害者の意味を表すことができる。

（6）彼はスキー場で足の骨を折った。

　しかし，「足」の前に「友達の」を付けて，「彼はスキーで友達の足の骨を折った」としたら，とたんに，主語の「彼」には行為者（加害者）の意味しか与えられなくなる。さらに，（6）の「足を折った」を受身にして（7）のような表現にしてみたらどうなるであろうか。

（7）足の骨が彼に折られた。

（7）の場合も，骨折に関係する人物は，（6）と同じように明示的には表現されていない。しかし，（6）とは異なり，（7）の「足の骨」は，誰か他の人の足の骨を指しており，「彼」にはその足を折るという行為者（加害者）の意味しか与えることができない。これは，（5）の「髪を切る」の場合も同じである。例えば，「髪が彼女に切られた」という表現では，髪の持ち主は明示されていなくても，髪の持ち主は彼女以外で，彼女は髪を切る行為者（動作主）でなければならず，「彼女が他人の髪を切った」という解釈しか得られなくなる。

　最後に，女子学生が大学を卒業する記念に写真をとるために着物を着て写真屋さんに行こうとしているとしよう。そのような状況で，その女子学生は，親に対して（8）のようなことを言う可能性がある。

（8）私，写真屋に行って着物の写真を撮ってくる。

通常の状況では，おそらく，その女子学生は，自分の写真を写真屋で撮ってもらって，家に帰ってきたら，着物を着ている自分が写っている写真を「ほらっ」と言って，親に見せることになる。これは，女子学生が写真の被写体になるという，先に見た主語が行為の対象となる解釈である。

　しかし，（8）の文にはそれ以外の解釈もあって，写真屋でアルバイトをしていて，実際に着物を着た姿で誰か知らない

人の写真をとっている可能性もある。この場合に得られるのは，狭い意味での動作主の解釈である。さらにこの解釈に加えて，この女子学生は経営の手腕があって，卒業する時には，写真屋を経営しており，お店の従業員に他人の写真を撮らせているという意味にもとれる。この場合の主語は，広い意味での動作主と解釈される。そのどちらの場合でも，女子学生が，親に(8)のように言って家を出て行き，家に帰ってきてから差し出す写真は，知らない人が着物姿で写っている写真である。

もし娘のアルバイトあるいはお店の経営のことを知らなかったならば，親はその写真を見て，飛び上がってびっくりすることになる。

日本語ではどのようにして
複数を指定するのか？

　私たちが何かをしようとすると，個人（1人）と団体（複数人の集団）が区別されることがある。旅行には個人旅行と団体旅行がある。また，美術館・博物館の入場には，個人ごとに入場券を買う一般に加えて団体割引があったりする。私は，どちらかというと，個人で行動することが多く，旅行はほとんど個人旅行である。美術館・博物館も一般で入るが，見るものが同じなのに，一般・団体の区別があるために，いつもなんとなく損をした気分になる。

　スポーツにも個人競技や団体競技がある。個人競技は1人が単位となるが，実際には，柔道のように相手があってぶつかって対戦するものや，スケートのように単独で競技して点数を争うものがある。団体競技でも，ラグビーのように集団でぶつかりあうものもあれば，スキージャンプのように単独で競技して点数を足していくものもある。それぞれの競技に特性があるので，練習方法も競技によって変わってくる。団体競技のバレーボールは，例えば，向かいあってお互いにボールをトスして練習する。しかし，アーチェリーでは，そんなことは危なくてできない。やったとしたら，練習相手は，矢が当たらないように逃げ回らなくてはならない。

　人間が行う複雑な行為も1人が単位になるか複数が単位になるかで認識が異なってくる。これはことばに関しても同じである。というわけで，今回は，**単数**（singular）・**複数**

(plural) の区別する表現について考えてみたい。とは言っても，日本語には，数の指定に関する文法の手がかりはそれほどない。例えば，日本語において，「昨日，お客さんが来た」と言った場合には，それだけでは，お客さんが1人なのか複数人なのかはわからない。英語なら，A guest came yesterday. と Guests came yesterday. のように，単数の名詞を使うか複数の名詞を使うかを文法的に決めないといけないので，文を見ただけでお客さんが1人来たのか複数人来たのかがわかる。英語などヨーロッパの言語では，けっこう厳密に性（gender）の区別と同時に，数（number）の区別（単数と複数の区別）を付けている。対照的に日本語ではそんなことはしないので，ヨーロッパの言語は，なんでそんなことをしないといけないのかと思ってしまう。

　単数と複数の区別は，言語にとって重要な文法の区別で，世界の言語を見渡すと，多くの言語の文法で単数と複数の対立が観察される。ここで不思議なのは，1と2以上の数に対して異なる名詞の形が使われることである。特段の理由がなければ，別に1から5までをひとまとまりにして，それより大きい数をもう1つのまとまりとして文法の体系が成り立っている言語があってもよいはずである。しかし，どうもそんな言語は見当たらないようである。世界の言語を見渡すと名詞に数のマーカーがある場合には，1が1つのグループを形成し，それに，2以上がもう1つのグループを形成する（「単数一複数」の区別）か，数は少なくなるものの，1が1つのグループ，2がもう1つのグループ，3以上がまた別のグループ（「単数一双数一複数」）を形成する

というふうになることが多い。その点，日本語は，文法の中で体系的に数の区別をすることはない（もちろん，他にもそのような言語はある。）

　日本語は単数・複数の区別をあまりしないとは言え，日本語にも文法的に複数を表す方法はある。例えば，日本語では，「たち」「ども」「ら」のような**接辞**（affix）を名詞に付けたり，「山々」のように語を重ねたりすることによって，単数と複数を分けることができる。

　まず，日本語では，名詞に「ども」「たち」「ら」のような接辞を付けたら，その名詞は「複数」を表すようになる。これは，英語において -s を名詞に付けて複数を表すのと似ている。例えば，（1）の「先生たち」には，複数の先生がいることが含意される。

（1）<u>先生たち</u>が職員室にいるのが見える。

（1）の「先生たち」の場合，接辞「たち」が名詞「先生」に付くことによって，基本的に 1 と 2 以上の数が区別できるのである。これに対して「たち」のない「先生」だと，先生は 1 人であっても複数人いてもよい。

　ここで，単数と複数の線引きが 1 と 2 の間と言っているのは，自然数のことで，間に入る数字はない。しかし，自然数でなければ，1 と 2 の間には，1.2，1.5，1.7 などの端数が起こることがある。そうすると，そのような場合はどうなるかという問題が出てくるが，単数・複数の区別が意味に基づいて決められているのであれば，答えは簡単である。と

いうのも，誰かが職員室を外から見ていて，先生がまるまる1人と先生の右半身だけ，つまり，1.5人の先生が見えている状態で，(1)のように言っても正しいことを言っていると判断できるからである。

つまり，「先生」が複数であるには，1を少しでも超えていればいいのであって，端数は繰り上げるのである。算数の計算では，繰り下げや四捨五入をすることが多いが，私たちのことばでは，そのようなことはしない。特に，単数・複数の判断をする際に，四捨五入をしてしまうとややこしくてやっていられない。

　「ども」は，基本的に「たち」と同じように複数を表すが，生産性はそれほど高くない。そのため，ちょっと昔のものになるが，松尾芭蕉の『奥の細道』の俳句を(2)に挙げておく。

(2) 夏草や兵どもが夢の跡

私は，（2）の俳句を鑑賞しようとしているわけではない（実際のところは，文学のセンスがないので鑑賞ができない）。ここでは，単に，（2）の中に現れる「兵ども」の「ども」が複数を表していることを言いたいだけである。複数を表す「ども」は，「先生」のような語には付きにくい（「*先生ども」）。謙遜の意味があるので，「私ども」のように身内を表す表現には付きやすい。

　テレビの時代劇でよく「子分ども，やっちまえ」って，親分が叫ぶシーンを見るが，「子分ども」と言うには，やはり複数の「子分」がいることが必要になる。子分の人数が1人だけだと，困惑した子分が「あの〜，でも，子分は1人しかいないんですけど〜」などと親分に訴えそうである。「ども」は，「子供」の「子」の後にも付いている。したがって，「子供」は本来，「子」に「ども」が付いた複数表現であるが，今では，複数の意味はなくなっている。（なお，公的な文書では，単複の曖昧さを避けるため，1人なら「〜の子」というように「ども」が付かない「子」が使われるようである。）「子供」については，「子供たちが行きます」のような表現は可能であるが，形態上は（「供（ども）」と「たち」という複数のマーカーが二重に付いている。しかし，「ども」が複数の意味を保持している表現の「子分ども」では，「*子分どもたち」が文法的でないことからわかるように，複数を表す「たち」をさらに付けることはできない。

　興味深いことに，複数を表す接辞の「たち」は，（3）のように，1人しかいないと考えられる固有名詞にも付けることができる。

（3）サッちゃんたちが校庭で遊んでいるのが見える。

英語でも固有名詞を Johns（John ＋複数の s）のように
複数形にすることができる。英語の固有名詞の複数形を適切
に使用するためには，（複数にした）名詞が指すものが複数
存在する必要がある。John を複数形にすると John が複数
人存在する必要があるのである。これに対して，日本語で
は，「サッちゃん」と呼ばれる小学生の子供がひとりしかい
なくても，（3)の「サッちゃんたち」は，友達と一緒であれ
ば適正に複数と解釈される。つまり，「サッちゃん」自体は
複数人いなくてもよいのである。この場合の複数は，厳密な
意味の複数ではなく，複数のマーカーが付いた名詞が指すも
のに加え，関係して想起できるものを含めて複数とみなして
いる。そのような方式で認定された複数は，**想起複数**
（associative plural）と言われる。
　想起複数が(3)に対して可能な唯一の複数認定法ではな
い。もちろん，「サッちゃん」が複数人いれば，（3)は問題
なく容認される。その場合は，例えば，小学生の「サッちゃ
ん」は，忍者のように分身の術（忍術）を使って，分身を何
人もつくっていて，その自分の分身とともに，忍術小学校の
校庭で手裏剣を投げたり，変わり身の術などの忍術を駆使し
たりして，ワイワイ楽しく遊び回っているということになる
であろう。

想像するだけでうらやましいし，私も子供に戻ってやってみ
たい（ちなみに，ここの「子供」は単数）。

　日本語には，語を重ねてつくる複数形もある。そのような
例としては，「人々」「木々」「面々」「家々」「花々」などが
あるが，このような造語法は，**畳語**（reduplication）と呼
ばれる。畳語は，強調や繰り返し，数が多いことを表す。特
に，畳語が複数を表す時の特徴を見るために，例えば，（4）
のような文を考えてみることにする。

（4）向こうに，美しい山々が見える。

漢字の「山」は繰り返すと，厳密には「山山」であるが，表
記としては「山々」になることが多い。発音は，「やまや
ま」なので，ことばとしては，「山」を繰り返していること
になる。（「山々」の中に現れる「々」は繰り返しの記号で，
固定した音もなく，また部首もないので，厳密に言えば漢字

ではないそうである。)「山々」のような表現は，強調するために使用することもあるが，数を表す場合は，「多数」を表す。したがって，立山連峰の山並みを見て(4)は言えるが，富士山を見て(4)のように言うと変である。これに対して，単独で「山」というと，数は指定されない。そのため，立山連峰を見ても富士山を単独で見ても「向こうに，美しい山が見える」と言ってよい。

「山々」は，漢字を並べることによって数を指定しているのではない。そのため，2つ「山」が並んでいるからと言って山が2つ見えるということを意味しない。また，山が3つ見えるからと言って「*山々々（＝山山山）が見える」とは言わない。（ただし，一語ではなく，文学的な表現（？）で「山，山，そして山」というように情景を印象的に表現することがあるが，この場合は問題のない表現となる。）同じ漢字を2つ並べることによって多くの数が表されることもある。例えば，漢字で「木」を2つ並べると「林」になり，3つ並べると「森」になる。「林」はもちろん木が2本並んでいるという意味ではないし，「森」は木が2本並んでいる上に木が1本のっかっているということを意味しない。木が2本だけだと林にならないし，3本だけだと森にならない。林や森が成り立つには，木はもっとたくさん必要である。たぶん，森は林より木は多そうなのでそのような漢字になっているのであろう。世界の言語には，少ない目の「多数」を表す時と多い目の「多数」を表す時とで異なるマーカーを使用する言語があるそうなので，「林」と「森」のような漢字が存在しても不思議ではない。

　「山々」は，山を指していなくても使用できる。「言いたいことが山々ある」と言う場合には，「言いたいことが山ほどある」あるいは「言いたいことがたくさんある」という意味になる。もちろんこの場合の「山々」は，抽象的に多数を表していることになる。「山々」という表現は，誘いを断る時に使用されることもある。例えば，飲み会の誘いを断る人は，（5）のようなことを言うことが多々ある。（ちなみに，ここの「多々」は漢字を重ねて複数性を強調している。単数から複数に変えるのとは別の用法である。）

（5）行きたいのは山々なんですが ……

（5）の表現は，何かの誘いを丁寧にお断りする時に使用するが，「（私は）多くの山に登りたいんです」という趣味に専念するという宣言ともとれる。そんなことばを運動嫌いな人から聞いた際には，「体を動かすのがめっぽう嫌いだと聞いていたけれど，そんなこと言うなんて…本当は，誘いを断ってまで，山に行くほどよっぽど登山好き・山好きなんだ」と私は思わずにいられない。

環境に応じて姿や振る舞いを変えていくマジックナンバー

　だいぶ前になるが，アメリカで街を歩いていると，やたら親しそうに声をかけられたり，ブーイングを受けたりしたことがあった。最初はなぜかわからなかったが，後になって，現地のスポーツ用品店で購入したTシャツが原因であることがわかった。そのTシャツには，プロバスケットチームのロゴが印刷されており，街の熱烈なファンが（私ではなく）そのTシャツに反応していたのである。Tシャツを購入した町には，そのバスケットチームのファンが多かったようである。しかし，別の町へ行くと，ライバルを応援しているファンがたくさんいて，知らなかったこととはいえ，私はまさに敵地に着ていってはならないTシャツを着ていったことになり，「おまえは一体何者だ」とブーイングを受けたのである。

　どこにも熱烈なスポーツのファンがいるものである。日本だと，プロ野球であろうか。私が普段使っている電車で時々そのような人たちに出くわすことがある。ひいきのチームのユニフォームを着て，オーラを放ちながら，大声で話していることが多いので，すぐにそれとわかるが，彼らの会話を聞いていると結構おもしろい。この前は，応援グッズの品評をやっていた。「このメガフォンは，〇〇年にXXで3ヶ月間しか売っていなかったレアもので，もう買えない」とかである。私には，応援グッズの価値はわからないので，「ふ〜

ん，そうなんだ」と思うだけであるが。

　熱烈な野球ファンの第一の関心事は，ひいきのチームの優勝の可能性で，特にマジックナンバーが出た時のファンの騒ぎようは尋常ではない（もちろん，電車の中でも）。プロ野球で使うマジックナンバーは，首位にいるチームがあと何試合勝てば，2位以下のチームが追いつくことができなくなるか（つまり優勝できるか）を示した数字である。テレビのニュースなどでは，マジックナンバーが出たら，電灯のように，「マジックナンバーが点灯した」と言っている。電灯がパッと明るくなるようにファンが明るくなるということであろうか。（その騒ぎようを見ると，これについては，何となく言わんとするところは，わからないでもないが…）

しかし，そんなファンをよそ目に，私はこれに対しても「ふ～ん，そうなんだ」と（沈着冷静に）思うだけである。ただ

し，マジックナンバーは，首位のチームがもたもたしていると，追いつかれる可能性が出てくるので，点灯したり消えたりする不思議な魔法のような数字である。（なお，「マジックナンバーが消灯する」とはあまり言わないようである。）そのため，試合に勝った，負けたで，ファンは一喜一憂することになる。これはまるで，イソップ寓話のウサギとカメの競争のようである。

　私たちのことばにも不思議な数字，マジックナンバーがある。ことばのマジックナンバーは，ズバリ数字の 1 である。数字は，通常，(1)のように肯定文で現れてもよいし，否定文で現れてもよい。

(1) a. このチームは 1 試合 {勝てた / 勝てなかった}。
　　 b. このチームは 3 試合 {勝てた / 勝てなかった}。

単に文中に数字が現れるだけならば，数には関係なく，数字を表す表現は，肯定文にも否定文にも現れることができる。しかし，強調を表す「も」を数量表現に付けると，数字の 1 が付く表現は，否定文にしか現れなくなる。一方で，数が 2 以上の数量表現は，「も」を付けても特段の変化はなく，肯定文でも否定文でも使用できる。

(2) a. このチームは 1 試合も {*勝てた / 勝てなかった}。
　　 b. このチームは 3 試合も {勝てた / 勝てなかった}。

「も」を数量表現に付けることによって引き起こされるこの

数字のマジックは，背後にある意味の含意が関係してくる。
１は自然数の一番小さい数で，それ以下となると特別な数字
の０（ゼロ）になる。つまり，自然数の１は，いわゆる最
低限を表すのである。そして，この最小の数字に強調の
「も」が付けられると，それ以下はないということで否定文
でしか現れなくなるのである。表面的に現れる数は１であ
るが，実際には数がゼロであるということで，数字が実質的
に１からゼロに変わっていると見ることができる。

　否定の環境（つまり否定文）でしか現れない表現は，**否定
極性項目**（negative polarity item）と呼ばれる。私たち
のことばには，否定の環境でしか現れない表現があることが
知られている。興味深いことに，１という数字は，他の言語
でも共通して否定極性表現になることが多い。ただ，なぜ，
最小の数字である１がそのような振る舞いをするのかにつ
いてはいまいちよくわかっていない。

　（2a）に現れる数字の１で重要な点は，それが**最小化数**
（minimizer）であることである。したがって，たとえ数字
が１であっても，最小の意味を表さない場合には，２以上
の数字と同じような分布を示す。

（3）このチームは１時間も試合を ｛した／しなかった｝。

（3）の「１時間も」という表現が肯定文で現れると，最低限
ではなく，期待以上であるという意味が表される。つまり，
（3）の文では，このチームの戦った試合の長さは，考えてい
たよりも長かったという意味を表す。おもしろいことに，肯

定文でも否定文でも生起できる「1時間も」を含む(3)は，何かしら試合をしていることを表している。(3)が否定の場合には，試合は行われていて，その継続時間が1時間に満たなかったということで，もし最小の数字ではない「1時間も」ではなく最小の数を表す否定極性表現の「1試合も」が使われて「1試合もしなかった」になると，試合自体が行われなかったことになる。このように，最小を表す数字の1は，「も」が付くと否定文にしか現れなくなり，その数字の意味は，実質的にはゼロに変わる。

　しかし，肯定文でも否定文でも，「も」が付かない数字の1の場合は，数字の1の意味は残る。

(4) a. このチームは試合を1回した。
　　 b. このチームは試合を1回しなかった。

(4a)の肯定文では，もちろん，行った試合の回数は1回であって，それ以上でもそれ以下でもない。これに対して，(4b)否定文の場合には，まったく試合が行われていなかったわけではなく，行われなかった試合が1回あったということを意味する。このように，数字の1は，環境によってその意味が変化する，まさに，ことばにおける不思議な数字，マジックナンバーである。

　熱烈なプロ野球ファンの集団を観察していると，シーズンの開始前でも，異様に興奮している姿を目にすることがある。そのような人達は時に「今年は強力な選手（助っ人）が入ったから，優勝は間違いない。すでにマジックナンバー○

○だ」のような興味深いことを叫ぶ（○○にはその年にチームが戦う試合数が入る）。私は，ここでも興奮しているファンを尻目に，「ふ～ん，そうなんだ」と思うことになる。もちろん，全試合に勝てば，優勝するのは間違いないが，プロ野球はリーグ戦なので，マジックナンバーの対象になるチームと必ず対戦する。したがって，リーグが始まる前にマジックナンバーが出るわけがない。しかし，熱烈なファンは，もともとマジックナンバーにならない数字を無理やりマジックナンバーに仕立てているのである。このようにして出てきたマジックナンバーは「無理やりマジックナンバー」と呼んでもいいかもしれない。

　ことばについても同じことが言える。本来は，ことばのマジックナンバーは 1 であるが，他の数字を無理やりマジックナンバーにすることができるからである。

(5) a. あの学生はバイトを 3 日 {続けられた / 続けられなかった}。

　　b. あの学生はバイトを 3 日と {*続けられた / 続けられなかった}。

「3 日」という数量表現は，(5a)のように，本来，肯定文で現れても否定文で現れてもよい。しかし，この表現に「と」を付けると，(5b)のように，否定文でしか現れなくなる。

　これは，この数字が最小限を表しているかどうかが関係して
くる。「3日」は，そのままでは最小の日数ではない。しか
し，「と」を付けると，それには関係なく，最小限の意味を
表すことになる。

　ただし，この場合の「と」は，無理やりにマジックナンバ
ーをつくりだすので，その魔力も半分である。「3日」に
「と」がついた(5b)では，バイトを続ける最低の期間が3
日であり，彼はこの最低の期間さえ続けることができないと
いう含意が生まれる。その結果として，「3日」が否定文に
しか現れなくなるのである。そして，「3日」という数字は
あるものの，この表現は実質的には，1日か2日かしか，
バイトが続かなかったということを表す。数字に「と」が付
いた場合，「も」が付いた数字の1とは異なり，数字を実質
的にゼロにすることはない。「と」は，いろいろな数字を強
引に否定極性表現に変えるまさに熱狂的なプロ野球ファンの

ような存在なのである。

　学生の頃よく行った居酒屋の店主も大のプロ野球ファンであった。しかし，当日の試合の状況を知ることができるテレビやラジオはお店には置いてなかった。たぶん，熱烈なファンすぎてそんなものを見ていたら，商売していられなかったのであろう。しかし，閉店後に家に帰ると，きっとテレビにかじりついてスポーツニュースを見ているのに違いなかった。そのため，野球のシーズンには，その店主のひいきのチームが勝った翌日は，（酒類を除き）すべてのメニューの品が半額になった。もちろん，店主はニコニコ顔で上機嫌だし，こちらも安くそして気分よく飲み食いができた。ひいきのチームがサヨナラ負けでもした翌日は，店主が不機嫌なことがわかっているので，決してその居酒屋には行かなかった。店主の性格を考えると，もしかしたら，そんな時は，メニューの品の値段もマジックナンバーになって，わけもわからず突然乱高下していたかもしれない。

生物と無生物の区別と
サンタクロースの世界

　小さな子供たちにとって，クリスマスの前は，サンタクロースがどんなプレゼントを持ってきてくれるかということが一番の関心事で，友達とも，何がほしいのかなど，いろいろと話をしているようである。サンタのプレゼントは，クリスマスイブに子供が寝てしまってから親が枕元に置くことになる。しかし，そんな時には，子供はプレゼントの期待もあって極度に興奮してしまって，なかなか寝ようとしない。親の方が眠くなって寝てしまいそうになるが，なんとか持ちこたえなければならない。親が子供より先に眠って朝になると，子供にサンタが来なかったということになってしまうからである。

　眠気を我慢してプレゼントを子供の枕に置くという苦労のかいがあって，クリスマスの朝に子供が目覚めて，プレゼントを見つけて純粋に「サンタが来たよ！」と言って，よろこびはしゃぐ様子は親にとってもありがたいし，ホッとする一瞬でもある。うちの子供は，小さい頃は，サンタさんにお礼の手紙を書いていた。かわいい字でうれしさが綴ってあるのであるが，最後に，来年のクリスマスに持ってきてほしいプレゼントが書いてあった。なかなかちゃっかりしていると思った。

　大人にとっては，サンタクロースは，作り話で現実世界には存在しない。したがって，大人は，サンタのクリスマスプ

レゼントとして何をあげれば子供が喜ぶのかを考えないといけない。しかし，そんな子供たちに，大人が「サンタは実際にはいないんだよ」と言っても，子供は「絶対にウソだ」と言って信じない。子供たちにとっては，サンタの格好をして歩いている人は，たとえうそっぽいつけ髭をしていたとしても，すべて本物のサンタさんである。そして，道ばたでそんな人を見つけた子供は，きっと（1）のように言うであろう。

（1）あっ，あそこにサンタさんがいる。

サンタクロースがいるかいないかについて話をする時には，（1）のように，「いる」という動詞を使う。これに対して，枕元にプレゼントが置いてあるのを見つけると，子供は，（2）のように言うかもしれない。

（2）あっ，ここにサンタさんのプレゼントがある。

(2)で使われている動詞は，（1）とは異なり，「ある」である。実は，（1）の「いる」も（2）の「ある」も意味的には，何かが存在するという基本的に同じ意味を表す。このように何かの存在に言及する動詞は，**存在動詞**（existential verb）と呼ばれる。そして，そのような動詞が現れる文は，**存在文**（existential sentence）と呼ばれる。ただし，「いる」と「ある」には使い分けがあって，存在について言及するものが生き物である場合には「いる」を使い，無生物である場合には，「ある」を使う。

　日本語の文法では，有生物（人間・人間以外の動物を含む）と無生物の区別が反映される現象がけっこうあり，その代表的なものが存在を表す「ある」と「いる」の使い分けである。（1）の「いる」では，**有生名詞**（animate noun）がガ格で現れる。他にも（1）では，「トナカイ」のような動物を表す名詞もガ格で現れることが可能である。（2）の「ある」では，いわゆる生き物を表さない**無生名詞**（inanimate noun）がガ格で現れる。このように，「ある」と「いる」では，ガ格名詞としてとれる名詞に違いが観察される。「ある」に対しては，「プレゼント」の他にも「サンタさんの帽子」「サンタさんの髭」などがガ格名詞として現れてよい。「サンタさんの髭」に対しては「ある」を使用する。（この場合，「サンタさん」が存在するとして，「髭」は，つけ髭であっても生の髭であってもよい。）サンタさん自体は生き物（有生物）であるが，その体の一部は（文法上）有生物とは認定されないのである。

　このように「いる」と「ある」がとることができるガ格名

詞には文法の制限がかかるので，（1）と（2）のガ格名詞を入れ換えて「＊ここにサンタさんのプレゼントがいる」や「＊ここにサンタさんがある」と言うことはできない。（ただし，ここで言う「サンタさん」が人形であれば，それは生き物ではなく，無生物なので，「ここにサンタさんがある」という言い方はできる。）

　上で見たように，日本語では，有生物と無生物の区別が文法の規則の一部となっている。それはそれでいいのであるが，問題は，何かを文法の規則として使う際には，私たちの認識している実際上の区別（現実世界での区別）が文法上の区別と合わなくなる場合があることである。例えば，存在文に現れる「いる」がどんなガ格名詞をとるか少し考えてみると，生き物ではないものが現れることがある。「幽霊」は生きていないはずであるが，「そこに幽霊がいる」と言える。科学的に見れば，「＊そこに幽霊がある」が正しいはずである。また，樹木も科学的に言えば，生き物のはずであるが，「＊そこに木がいる」とは言えない。また，厳密には，生物ではないウイルスも「そこにウイルスがいる」と言っても大丈夫そうである。最近はやりの「お掃除ロボット」は「いる」だろうか「ある」だろうか？私は「ある」のような気がするが，ペットのようにかわいがっている人（私の妻も）によれば「いる」のようである。

　逆に，存在文に現れる「ある」のとるガ格名詞にも有生名詞が入る場合もある。例えば，今晩は冷えるので，晩ご飯にカニ鍋をしようとして，市場に買いにいったとしよう。そのことをお店の人に話すと，きっとお店の人は「今日は，うち

には，活きのいいカニがありますよ」って，動いているカニ
を見せてくれるであろう。カニは動いているのだから，生き
ているはずなのに，「カニ」が存在文のガ格名詞として現れ
ても，動詞には「ある」を使うことができるのである。この
場合の「カニ」は食用にする商品なので，生きていても「物
（無生物）」とみなして，「ある」を使うのである。

　それで思い出したのであるが，以前，マグロが泳いでいる
のを水族館の水槽で見たことがある。この場合なら，通常
は，「水槽にマグロがいる」と言うのが普通である。しか
し，私は，生きた「マグロ」はあまり見たことがないので，
「マグロ」と聞いて，お寿司のマグロやトロ，マグロの刺身
を思い出してしまった。マグロにはいくつか種類があり，見
かけは多少違う場合もあるようだが，水族館のマグロは見事
に全身が銀色であった。それを見ると，実際のマグロは赤身
で泳いでいるわけではないが，私の頭の中に浮かんだのは，
アルミホイルで包まれたお寿司のトロである。そうなってく
ると，私の目の前で泳いでいるのは，アルミホイルで包まれ
ているお寿司なので，「この水槽には，お寿司のトロがあ
る」と言ってしまいそうである。

このように，世界をどのように見るかによって，有生物と無生物の区別は異なってくる。

「ある」と「いる」という動詞に関しては，存在の意味を表す用法以外に，もう１つ重要な用法として，(3)のように，所有関係を指定する用法がある。

(3) a. 私には車がある。

　　b. あの子には兄弟がいる。

(3a)は，「私」の所有物として「車」があるという意味である。(3b)の意味は，「あの子」に「兄弟」という家族関係を持つ人がいるということで，一種の所有関係を表す。したがって，この場合の「ある」「いる」は，存在動詞ではなく，**所有動詞**（possessive verb）として使用されている。そして，所有動詞が述語になっている文は，**所有文**（possessive sentence）と呼ばれる。

「ある」と「いる」は，「存在関係」だけでなく，「所有関係」を表す場合にも使われるが，所有関係を表す時と存在関係を表す時とでは，文法の制限が異なってくる。「いる」の場合，ガ格名詞には，例外なく有生名詞が用いられなければならないので，「*私には車がいる」という文は非文法的になる。これに対して，「ある」に有生名詞の「兄弟」が組み合わされた「私には兄弟がある」は，一応，文法上は可能であるとされている。ここで，文法上可能であるとしたのは，「兄弟がある」という文は日本語の文法書にはっきりと容認される文としてリストされていることが多いが，どうもこのタイプの文は人によって容認性に揺れが見られるからである。

　存在や所有を表す動詞の「ある」「いる」については，私は授業でしばしば言及することがある。その時に，学生に「私に兄弟がある」のような文をどう感じるか聞くことにしている。特に統計をとっているわけではないが，20年以上継続して私が聞いてみた範囲では，だんだんと「私には兄弟がある」という文は容認されなくなっているようである。これは，おそらく，同じ所有の意味を「私には兄弟がいる」のように「いる」を使って表せるので，（少し変わった）「所有関係」を表す用法として「ある」を使う余地が少なくなってきているのかもしれない。

　しかし，これ以外にも，ガ格名詞が有生名詞であっても，「ある」が使える所有文はある。（4）がその一例で，「私には夫と家族関係がある」という所有の意味を表す文である。

（4）私は夫がある身です。

（4）は所有文で，ガ格名詞は有生名詞であるものの，動詞は
「ある」なので，元になる単文は「私には夫がある」である
ことになる。この文も同じように，授業で学生にどう思うか
聞き続けているのであるが，（4）に対しては，ずっと，大丈
夫だという反応を得ている。（これに対して，「私には夫が
ある」は変だと思う人が多い。）もしかしたら，（4）のよう
なフレーズが頻出するテレビの番組をみんな見過ぎていて洗
脳されているのではないかという気がしないでもないが，
（4）はいまだに変わらず使用できる文としてよいような気が
する。

　実際にはどうかわからないが，ドラマなどで時々目にする
「夫」なる人種は，隅に追いやられ，粗大ゴミのように扱わ
れることも多い（家だけなく職場でもそのようになっている
場合もある）。そんなことを考えると，もしかしたら，（4）
では，「夫」を無生物扱いしていると考える向きもあるかも
しれない。（その逆の「妻」はどうであろうか？）しかし，
ガ格名詞に入るのは，「夫」だけではなく，「私は妻がある
身です」や「私は幼い子供がある身です」のように，「妻」
とか「幼い子供」なども入ることから，大切にしているもの
をガ格名詞に入れる構文であることは確かである。したがっ
て，「夫」は無生物に格下げされているのではない。大切な
ペットも家族扱いし，名前を付けて「〜ちゃん」と呼んでい
ることもあるため，（4）の文のガ格名詞にはペットの名前が
入ることがあるかもしれない。

先にも見たように，お掃除ロボットも最近では，（「そこ
にお掃除ロボットがいる」のように）動詞が「いる」の存在
文で使えそうな感じである。しかし，（4)の所有文のガ格名
詞に「お掃除ロボット」を入れて，「私はお掃除ロボットが
ある身です」って言えるだろうか。私は変な気がするが，も
し「夫」に対しては「私は夫がある身です」とはとても言え
なくて，「お掃除ロボット」には，「私はお掃除ロボットが
ある身です」と躊躇なく言えるようだったら，「お掃除ロボ
ット」は「夫」よりも大切になるという「下克上」を果たし
ていることになる。

山登りをすると，見つけることが できる日頃見慣れないもの

　私の仕事は，デスクワークが多く，運動不足になりがちである。運動をしようと思ってもなかなかできないので，体力が落ちていないか心配になることがある。そんな心配を払拭するために，体力チェックを兼ねて，10 年ほど前から登山を始めた。とは言っても，本格的な登山ではなく，近くの六甲山に登る登山で，登山用の特別の装備は必要なく，（ちょっときつめの）ハイキング気分で，友人や学生などとおしゃべりを楽しみながら，登っていく登山である。体力チェックの目的があるので，春と秋に，5 月 3 日と 11 月 3 日を目処として同じコースを六甲山の頂上まで登ることにしている。なぜこの 2 日を目処にしているかというと，この 2 日はいずれも休日で，時候もいいし，また，なぜか私の関係する学会がこの 2 日には開催されず，都合がつけやすいからである。ただし，これは一応の目安である。実際には，毎年予定が違うので，この日程で登山することになったことはあまりない。

　1 回の登山で，休憩を入れて約 7 時間歩くことになる。実際に登っている時間はそれほど長くないものの，登りに 4 時間を要し，下りには 1 時間ちょっとかかる。登山をするにはけっこう体力がいるので，登るスピードがその日の体調・状態で変わってくる。山頂でお昼を食べて，夕方には，神戸とは山の反対側にある有馬で温泉に入り，散策をした

195

後，解散するという行程を繰り返しているだけであるが，飽きずに続けられている。神戸の市街の北側に位置する六甲山は，街に近いわりに自然が豊かな上に，山の表情が毎回異なるため，常に新鮮な気持ちで登ることができる。

　毎回同じように六甲山を登山しているつもりでも，いろいろと変化がある。天気が急に変わって，雨に遭ったりする。雨降り以外にも，地滑りや崖崩れが起こったりしていて，コースの一部が通行止めになって迂回して登山を続けたこともあった。そこまではいかなくても，台風の後に，倒木があったりしてやむなくコースを迂回したこともある。市街からそれほど離れておらず富士山のように特別標高が高くない山でも，自然現象でいろいろなことが起こることを経験した。

　「雨降り」「地滑り」「崖崩れ」のような自然現象を表す表現を見ると，どうしても日本語の語彙をつくる規則について考えてしまう。ここで言う日本語の語彙の規則とは，語と語を組み合わせて複雑な語をつくる**複合**（compounding）のことである。例えば，「雨降り」という複合語は「雨」と動詞の連用形の「降り」を組み合わせてつくられている。このタイプの複雑な形態を持つ複合語には，右側に現れる要素がもともと動詞であり，左側に現れる要素が動詞の選択する項として解釈されるものが多い。このようなタイプの複合語は**動詞由来複合語**（deverbal compound）と呼ばれることがある。

　日本語において，この手の複合語（動詞由来複合語）はいくらでも見つけることができる。また，**生産性**（productivity）が高いので，つくろうと思えば，いくらでも新しい複合語を

つくることができる。しかし，どのような語が組み合わされるかに関しては傾向があるとされている。しばしば議論される傾向としては，左側の語が右側の動詞の目的語として解釈されることが多いというものである。例えば，（1）のような複合語について考えてみよう。

（1）a．草むしり（をする）　＜　草をむしる
　　　b．食器洗い（をする）　＜　食器を洗う
　　　c．箸置き ＜ 箸を置く

複合語の中には，「が」「に」「を」のような文法の関係を表す助詞が現れないので，左側の語と右側の動詞との関係は正確には決まらない場合があるものの，（1a）の「草むしり」では「草をむしる」と同じ意味関係，（1b)の「食器洗い」では「食器を洗う」と同じ意味関係が表される。また，（1c)の「箸置き」は「箸を置く」と同じ意味関係を持っている。つまり，（1）の左側要素は，どれも右側の動詞要素の目的語と解釈できるのである。

　次に，左側の名詞が右側の動詞のとる**項**（argument）ではなく，例えば，（2）のように，動詞の**修飾要素**（modifier）として解釈できるものもある。

（2）a．早起き（をする）　＜　早く起きる
　　　b．手洗い（をする）　＜　手で洗う

（2)の「早起き」は「早く起きる」と同じ意味関係を表し，

左側の要素は右側の動詞に対する修飾語と解釈できる。「手洗い」は，「手で洗う」に対応する意味関係を表している。これらの左側要素は，動詞がとる目的語のような項ではなく，文中に随意的に現れる**付加詞**（adjunct）に相当する表現になっている。

　その他にも，数は少なくなるが，右側の動詞要素が受身の形や使役の形をしているものがある。

(3) a. 虫刺され　＜　虫に刺される
　　 b. ドライバー泣かせ　＜　ドライバーを泣かせる

「虫刺され」の内部要素の「虫」と「刺され」は「虫に刺される」という受身表現の中にある項と受身動詞と同じ意味関係を持ち，「ドライバー泣かせ」の内部要素の「ドライバー」と「泣かせ」は「ドライバーを泣かせる」という使役表現の中にある項と使役動詞と同じ意味関係を持つ。

　ここで，動詞由来複合語に，自動詞の主語に相当する語が現れるかどうかを考えてみる。このタイプの表現は，それほど多くは見つからないが，例えば，(4)のような表現がある。

(4) a. 崖崩れ（がある）　＜　崖が崩れる
　　 b. 雨漏り（する）　＜　雨が漏る
　　 c. 日暮れ（になる）　＜　日が暮れる
　　 d. 心変わり　＜　心が変わる
　　 e. 胃もたれ　＜　胃がもたれる

「崖崩れ」では，「崖が崩れる」と同じ意味関係が表され，「雨降り」では「雨が降る」と同じ意味関係が表される。これらの表現は自然現象を表すが，「心変わり」のように人間の感情や「胃もたれ」のように身体に起こる変化を表す表現もある。(4)のタイプの表現において右側に現れている動詞要素は自発的に起こる現象を表す自動詞で，左側の要素は自動詞の主語に相当する。

　右側に動詞要素を持つ複合語の意味関係に注目した研究では，しばしば，動詞要素が自動詞の場合，自然現象を表す表現はあるが，意図的な動作を表す自動詞は現れないとされる。この主張は，言語学でよく知られている**非対格仮説**（unaccusative hypothesis）という考え方に影響されている。非対格仮説によれば，自動詞は，意図的な行為を表す動詞（**非能格動詞**（unergative verb）と呼ばれる）と非意図的な出来事の生起を表す動詞（**非対格動詞**（unaccusative verb）と呼ばれる）の２つのタイプに分かれる。そして，意図的な意味を表す動詞の主語は（意図的な行為を表す）他動詞の主語と同じような性質を示し，非意図的な出来事の生起を表す動詞の主語は他動詞の目的語と同じような性質を示すと言われる。名前はむずかしいが，要するに，これらの動詞がとる項の意味の対応関係は，(5)のようになる。

(5) a. <u>男の子が</u> 話した。

b. <u>男の子が</u> <u>瓶を</u> 壊した。

c. <u>瓶が</u> 壊れた。

（5）に現れる項の意味的性質を考えると，「話す」の主語は，意図的な行為を行う人であり，この点では，他動詞の「壊す」の主語も同じである。これに対して，「壊れる」の主語は，出来事の影響を受けて変化が起こる対象であり，「壊す」の目的語と同じ意味的な性質を持っていると考えてよい。

　（5）のように，意図的な意味を表す自動詞の主語と他動詞の主語が同じ振る舞いを示し，非意図的な出来事を表す自動詞の主語が他動詞の目的語と同じ振る舞いを示す言語現象はさまざまな言語で見つかっている。そして，日本語の複合語でもそれと同じ特徴が観察されると，しばしば主張されるのである。具体的に言うと，動詞由来複合語には，左側に動詞の目的語に相当する要素がたくさん見つかるので，非意図的な出来事を表す自動詞の主語も動詞由来複合語の左側要素として現れることができると主張されているのである。

　そうすると，意図的な行為を表す自動詞の主語が動詞由来複合語に現れるのかということが問題になる。意図的な行為を表す自動詞の主語は動詞由来複合語には現れることができないと主張する複合語の研究があるが，実際には，（6）のように，そのような複合語は存在する。

(6) a.　ひとり勝ち（する）　＜　ひとりが勝つ

　　 b.　人通り（がある）　＜　人が通る

　　 c.　人だかり（がある）　＜　人がたかる（＝集まる）

　　 d.　うなぎ登り　＜　うなぎが（身をくねらせて）登る

「ひとり勝ち」は，１人だけが勝つということである。「ひとり」を用いた表現には，「ひとり暮らし」というものもある。「ひとり暮らし」は，「ひとりで暮らす」のように言い換えることができ，ここでの「ひとり」は「独力で」の意味で使われている。しかし，「ひとり勝ち」は，「ひとりで勝つ」ということではなく，勝者が１人しかいないという意味になる。「ひとり勝ち」が「独力で勝つ」という意味を表すならば，勝者は複数いてもよいが，実際には，「ひとり勝ち」の勝者は１人しかいないということなので，「ひとり勝ち」に対しては「ひとりが勝つ」という言い換えが適当である。そうすると，この「ひとり」は意図的な行為を行う自動詞の主語となっていることがわかる。次に，「人通り」は文字どおり「人が通る」ことを意味する。「人だかり」は多くの人が集まることを意味する。「うなぎ登り」は，現在では意味が変わってしまっているが，もちろん，もとは川などで見られる「ウナギが登っていく」様子を描写することからこの語が成立した。

　（意図的な行為を表す）他動詞の場合はどうであろうか。先の研究では，他動詞の主語も動詞由来複合語の左側の要素として現れないことになっている。しかし，意図的な動作を表す自動詞の主語と同様に，動詞由来複合語の左側に他動詞

の主語に相当する要素が現れる場合もある。これも数は少ないが，それでもいくつか存在する。

（7）a. 大人買い（をする）　＜　大人が（何かを大量に）買う
　　　b. 受取人払い（にする）　＜　受取人が（代金を）払う
　　　c. 鵜呑み（にする）　＜　鵜が（魚をまるごと）呑む
　　　d. 大岡裁き　＜　大岡が（罪人を）裁く
　　　e. 保護者参観　＜　保護者が（授業を）参観する

「大人買い」は大人が何かを大量に買うこと，「受取人払い」は受取人がお金を払うことを表すので，複合語の左側要素は，他動詞の主語に相当する。「鵜呑み」はもともと鳥の鵜が魚をまるごと呑んでしまうことを指し，「大岡裁き」は歴史上の出来事と関連している。「保護者参観」は，保護者が子供の授業を見ることで，誰かが保護者を参観するという意味ではない。これらの複合語の左側要素も他動詞の主語に相当する。

　これらのことから，数は多くないながらも，意図的な行為を表す自動詞の主語や他動詞の主語は動詞由来複合語の左側要素として現れることができると言える。もちろん，従来の研究でも，これらの要素が動詞由来複合語の左側要素として現れないとする主張に例外があることは指摘されていた。そして，（言い訳がましく聞こえるが）それがなぜ例外なのかという説明が試みられている。しかし，文法で許されないなら，そもそもそのような例外がいろいろと見つかるはずがな

い。そう考えると，従来の主張は考えなおさないといけない
ということになるであろう。一般に，複合語は，何らかのも
のに対して**名付け**（naming）をする機能がある。日本語に
おいて複合語は，非常に生産的につくることができる。した
がって，動詞由来複合語の左側要素には特別な制約は課され
ておらず，名付けをする価値がある限りにおいて，右側の動
詞要素の項に相当する要素をかなり自由に左側要素として配
置できると考えてよいのではないかと思う。

　ところで，登山で，登山客が多く通る山道を歩いている
と，登山客によって捨てられたゴミなどを見かけることもあ
るが，いろいろと落とし物も見かける。よく見かける落とし
物としては，登山の際に使用するハンカチや帽子や杖や手袋
などがある。

日本語には，落とす物として表現する出来事がけっこうあ
る。その中には，「命を落とす」という**慣用句**（idiom）が

ある。（山道は，気をつけていないと本当に命を落としてしまうことがある。）本来，「命」は「落ちる」ものではないが，命がなくなることをそのように表現する。英語では，同じようなことは kick the bucket という表現で表すことができる。この表現は文字通りの意味なら「バケツを蹴る」という意味になるが，慣用句としては「死ぬ」という意味を表す。なぜ英語でそのように表現するようになったのかは不明である。これに対して，「命を落とす」の方は何となく理屈がつくような気がする。日本語では，「財布」のように大事なものを何らかの理由で紛失してしまった場合に「財布を落とす」という表現を使う。この表現はもちろん，「財布をなくす」の意味で使われる。そうすると，命も，財布と同様に大切なものなので，財布にならって，「命を落とす」という表現がつくられ，この表現が「命をなくす」の意味で使えるようになったと考えることもできる。日本語の「命を落とす」は，この点で，まだ理屈をつけやすい。

　しかし，よく考えてみると，「命拾いをする」については少し変なところもある。もちろん，「命拾いをする」という表現には，「死にそうになっていたところを助かる」という意味がある。しかし，よく考えてみると，財布は落とされていなければ「拾う」ことができない。そうすると，「命を拾う」の場合でも，命を一旦落とさないと拾えないはずである。厳密に考えれば，「命を拾った」としたら，命は一旦なくなった後に拾われることになる。そうならば，「命拾い」は「生き返る」という意味を表してもよさそうであるが，この表現はそんな意味は表さない。そして，「危うく命拾いを

した」と言ったら，落としそうになった命をなんとか拾い上げたことになる。しかし，なぜ「危うく」という表現が「命拾いをした」に付くのであろうか。危なく命拾いをするよりは，安全に命拾いをした方がいいように思うが，なぜそのような表現になるのだろうか。また，ミレーの『落ち穂拾い』は，周りにたくさん落ちている落ち穂を拾う絵画であるが，「命拾い」で拾うのは，そこらあたりにたくさん落ちている「命」ではなく，当の本人の命である。「命拾いをする」は，慣用的に使っているだけなので，論理的には筋が通らなくてもよいとも考えられるが，それにしても不思議な表現である。

　山登りは，時間をかけてゆっくりと登っていく。私の場合，周りの景色なども楽しみながらの山登りなので，あちこちを見渡しながら歩いて行くことになる。このようにあたり

を見ながら山道を歩いていると，思いがけず，いろいろと話のタネが落ちているのを見つける。山道で偶然見つけた話のタネは，土に埋めて，水をまいて育てるわけでもないのに，話の花が咲くことになる不思議なタネである。

無生物の主語を見るとわかる 日本語と英語の発想の違い

エッセイ **23**

　私たちの行動は，かなりの程度，常識に縛られている。しかし，今日において常識と思っていることが明日にはひっくり返っていることがある。科学の分野では，研究が進んでこれまでの定説が間違っていたことがわかることがよくある。私の関係することばの研究でも，それほど根拠がないにもかかわらず，なかば常識として考えられていることがたくさんある。特に，日本語と英語を比べて，日本語にこのような特徴があると主張している書き物にはそれが多いように思う。

　英語と日本語を比較して，日本語の特徴としてよく取り上げられるのが，日本語は**無生物主語**（inanimate subject）をあまり用いないということである。英語なら(1)のような表現をするが，日本語では自然な表現とはならない。

(1) a. What makes you think so?
　　 b. The knife cut the cake.

(1a)は，日本語に直訳すれば，「何があなたにそう考えさせるのか？」になる。この訳は日本語としてはぎこちない。自然な日本語だと「なぜあなたはそう考えるのか？」になるであろう。(1b)の直訳は，「ナイフがケーキを切った」であるが，これも日本語としてはおかしな感じがする。

　自然な日本語なら，人間を主語にとる「あの人がナイフでケーキを切った」となるであろう。日本語の場合，「ナイフ」は「で」を伴い，「道具」を表す表現として用いられるのが普通である。そのため，「ナイフ」は「切る」の主語には現れにくい。英語でも John cut the cake with the knife. という言い方もできるが，the knife のような道具は，日本語とは異なり，他動詞文の主語として現れることもできるのである。

　上で見たように，日本語だと不自然なあれやこれやの無生物主語の英語の例を集めてきて，日本語は，あまり無生物主語が用いられないと主張されることがある。しかし，日本語で(1)のような内容を表すには，同等の構文形式（無生物を主語にする使役の意味を表す構文）を自然に使用できないだけであって，それがただちに，無生物主語は日本語では使われないとするには，かなり論理の飛躍があるように思える。実際に，周りを見渡しながら注意していると，結構，英語で言えなさそうな無生物主語の構文が話されているのを耳にす

る。(2)は，そのような例である。

(2) a.　納豆が長い糸を引いている。
　　 b.　肉まんが湯気を立てている。

(2a)の主語は，もちろん「納豆」で，(2b)の主語は「肉まん」でれっきとした無生物主語である。(2)の例は，「生徒がこの紐を引いている」や「茶道の先生がお茶を立てている」に使われている動詞と同じ動詞が用いられている。(2)の例は，超自然な日本語である。そして，(2)をそのまま英語に直訳しても何のことかわからない。

　日本語では，この手の表現はけっこう見つかる。(1)と似た他動詞表現の例をさらにいくつか挙げると，「お金がものを言う」(←「先生が何かを言う」)，「家屋が炎を上げていた」(←「生徒が悲鳴を上げていた」)，「コンピュータが熱を持つ」(←「助手がカバンを持つ」)，「努力が実を結ぶ」(←「子供が靴の紐を結ぶ」)，「鍋の肉がアクを出している」(←「隣の人がゴミを出している」)，「キャベツが葉を巻いていた」(←「保健室の先生が包帯を巻いていた」)，「木が根を下ろしている」(←「老人が腰を下ろしている」)などなどである。矢印の右側に現れている文は，人間を主語とした他動詞文である。

　無生物主語をとる文には，対応する自動詞文をつくることができるものがある。(2a)は直接対応する自動詞文はつくれないが，(2b)からは(3)のような表現をつくれる。

（3）肉まんから湯気が立っている。

ここで注目すべき点は，（3）において，他動詞の主語に相当する表現が，自動詞文では「から」を伴って現れるということである。「から」は何かが出発する起点を表す。つまり，「肉まんから」という表現は起点となる場所として認識されているのである。そのような表現であっても，他動詞文にするとガ格主語として現れる。（（3）では，場所が主語として現れているので，「場所主語構文」と呼んでもよいかもしれない。）

　無生物主語が現れても，人間に準じる扱いをされる主語もある。そのような例としては，例えば，（4）のような文がある。

（4）a．ブルドーザーが建物を壊している。
　　　b．台風がこの地域を襲ったことはない。

（4）の２つの文の主語は無生物であるが，あたかも人間と同じようなものとして扱われている。しかし，（4）の主語は無生物であっても，純粋な無生物主語とは言えない。このことは，例えば，このような無生物主語の文から受身文がつくれるかどうかで判断できる。

（5）a．建物がブルドーザーによって壊されている。
　　　b．この地域は台風に襲われたことはない。

日本語の**直接受身**（direct passive）の制限として，記述されている行為は制御可能なものでなければならないというものがある。例えば，（出来事を意図的に制御できる）人間の主語が現れる文の(6a)からは，(6b)の受動文をつくることができる。

(6) a. 作業員が建物を壊した。

　　b. 建物が作業員によって壊された。

同様に，(4a)から(5a)の受身文をつくれることから，(4a)のブルドーザーは，単なる無生物ではなく，（出来事を制御することのできる）人間に準じる「壊す」行為を行う行為者（「使役者」とも言う）と捉えられていることがわかる。自然現象についても同じで，(4b)から(5b)の受身文をつくることができるため，(4b)の「台風」も人間に準ずるものとして扱われていることがわかる。このように，一般に，日本語では，自力で動くものや自然現象は人間に相当するとして扱われることがあるのである。（このような傾向は，日本語だけでなく，他の言語でもしばしば観察される。）

　これに対して，例えば，(2)で挙げた（純粋な）無生物主語の文に対しては，直接受身をつくることができない。したがって，(7)の受身文はおかしな表現となる。

(7) a. ＊長い糸は納豆によって引かれた。

　　b. ＊湯気は肉まんによって立てられた。

ちなみに，同じ動詞の「引く」や「立てる」が現れても，通常の人間の主語が現れる文では，「この白線は生徒によって引かれた」や「このお茶は茶道の先生によって立てられた」のように直接受身をつくることができる。(7)の事実は，先ほどとは違って，(2)の「納豆」や「肉まん」が人間扱いされていないことを示している。つまり，(4)の「ブルドーザー」や「台風」とは異なり，「納豆」は「引く」という行為を制御しているのでもなければ，「肉まん」も「立てる」という行為を制御しているわけではないのである。

このような例をたくさん集めると先ほどの英語の議論と正反対の議論を展開することができる。例えば，「日本語はこんなに無生物主語を許すのに，英語ではそのまま訳すことができないか，できたとしても変である」と主張し，そこから結論として「英語は無生物主語をあまり許さないか，許しても例外的で，英語の特徴として無生物主語を許さない傾向がある」と議論することもできる。もちろん，このような主張を私はここで押し進めるつもりはない。むしろ，私が言いたいことは，英語と日本語の表現がきっちりと対応しないことがこれらの例からわかるということである。

それでは，なぜ日本語と英語で無生物主語構文のタイプが異なるのであろうか。それは，日本語と英語の発想の違いから来ていると見ることができる。発想の違いについて，英語は「する」言語で，日本語は「なる」言語であると言われることがある。これは，車で移動していて，目の前に山が目に入った時には，英語では，I see the mountain! と言うところを，日本語だと「山が見える！」という表現を使う傾向

があるというように，英語なら他動詞で表現されるものが日
本語では自動詞として表現されることが多いことから来てい
る。もちろん，表現の仕方はいろいろあるので，これは絶対
的なものではなく，単なる傾向である。

　無生物の主語についても似た傾向が見られる。このことを
「パブロフの犬」を使って考えてみたい。「パブロフの犬」
は，ご存じのように，有名な条件反射の実験に使われた犬
で，この実験で示されたことは，犬に食べ物を与える際にベ
ルを鳴らすことを繰り返すと，ベルの音を聞いただけで犬が
唾液を出すという無意識の反応をするようになるというもの
である。

条件付けされた犬が食べ物にありつけると感じているかどう
かはわからない。いずれにせよ，ベルという刺激があっただ
けで，犬は思わず唾液を出してしまうのである。英語的な発
想で，この実験を記述すると，（食べ物とは独立の）「ベル」
の音の刺激が「犬」に作用して，「犬」に「唾液」を出させ

たということになる。これは出来事を(8)のように見ている
と考えることができる。

(8)　　刺激　ー>　犬　ー　唾液を出すという変化

これは，(1a)の「何があなたを考えさせるのか」という英
語の表現のもとになるような発想である。これに対して，日
本語的な発想でこの実験を記述するならば，「ベルの音」
(あるいはその条件付けのもとになる「食べ物」)という刺
激は無視して，単に「唾液が出た」という犬に起こる変化を
記述することになる。これは，(9)のようなものの見方であ
る。

(9)　　犬　ー　唾液を出すという変化

一般に，日本語では，出来事が自発的に起こると見る傾向が
あるために，英語では他動詞で表現するものを自動詞で表現
することが多い。しかし，自発的に起こる事態を他動詞で表
現することもできる。パブロフの犬の実験では，犬が主体
で，唾液が出ることがそれに関連する出来事である。そうす
ると，この場合には，変化を起こす主体である「犬」が主語
となり，その主体に関連して起こる変化が目的語として現れ
る「犬が唾液を出した」という他動詞文でこの事態を表現す
ることができる。
　先に見た(2)についても同様で，通常なら自動詞で表現し
やすい自発的に起こる出来事を他動詞で表現している。

(2a)では,「納豆」が変化を起こす主体で,そこに起こって
いる変化が「糸を引く」ことである。(2b)については,「肉
まん」が変化の主体で,起こっている変化が「湯気を出す」
ことである。英語だと(あるいは英語的な発想だと),パブ
ロフの犬の記述の時と同様に,他動詞として表現するなら,
どうしてもそこに原因(刺激)に当たるものを出したくなる
(強いて日本語で言えば,「肉まん蒸し器がその肉まんに湯
気を出させている」というような表現になるであろうか)。
もちろん,英語でも,自動詞を使用するなら,同じ状況は
「納豆から糸が出ている」や「湯気が肉まんから出ている」
のように表現されるはずで,わざわざ原因を持ち出さなくて
もよくなる。

　日本語と英語を比較すると,日本語だけを見ているとわか
らなかった面白い一般化が見つかることがある。しかし,単
に,英語の変わった構文をつまみ食いして,日本語は,この
ような言い方をしないから,「日本語は XX の特徴がある言
語である」と大判風呂敷を広げて主張を全面に押し出すのは
ちょっとあぶない。英語についても同じである。日本語の一
部の現象をつまみ食いして,英語について何か面白いことが
言えるとは限らない。また,重箱の隅をつついて見つけた面
白そうなことを無理矢理に押しつけようとする前に,少し広
く見て,本当にそれが成り立つかを見る必要がある。

　このようなことを言っていると,「どの口がそんなことを
言っているんだ」という反応がくるかもしれない。これも日
本語的な発想の表現である。この場合,私は,口をたくさん
持っていると思われていることになる。いい加減なことを言

215

う人は，口がたくさんあるのである。そう言えば，大きなことを言う人は，「大口をたたく」と表現されることがある。この手の人は，口を大小とり揃えたくさん持っていることになる。しかし，不安になって，鏡で自分の顔を見てみても，また，どの角度から見ても，私には口が1つしかない。そのことを確認すると，私は少しホッとした。

　「どの口がそんなことを言う」という表現は，無生物主語の他動詞文でもある。原因（刺激）の部分は無視して主体の何らかの変化を他動詞で表現するという日本語的な発想を考えたら，私は自分の意志とは関係なく，口がしゃべっていると見られていることになる。そう考えた瞬間，私はパブロフの犬になった気がした。そうすると，私はこのエッセイを条件反射で書いていることになるのであろうか？

高速道路を車で移動する旅と
動詞分類の思いがけない接点

　もう随分前のことになるが，学生時代に西海岸から中西部
にかけてアメリカ大陸のほぼ半分ほどを車で2週間ぐらい
かけて回ったことがある。だいたいの行程は，まず，ロサン
ゼルスからほぼ北北東に向かい，（ポテトで有名な）アイダ
ホに行き，そこから東に向きを変えて，（大統領の顔が山に
彫られているマウントラッシュモアのある）サウスダコタま
で行き，ロッキー山脈の東側を南下，コロラド・ニューメキ
シコ・アリゾナ・ユタの4州が交わる点を通過し，西に方
向を変え，ロサンゼルスに戻るというものであった。どの道
を通るかだけを地図上で決めておいて，泊まるところは一切
予約せず，国立公園などにあるキャンプ場に入って寝袋で寝
た（夏だったのでテントは張らず，寝袋から夜空を眺めなが
ら寝た）。また，シャワーを浴びる必要がある時は，モーテ
ル（アメリカで一般的な，車で旅行する人が泊まる宿）に飛
び込みで入って泊まった。

　このルートは，基本的に出発点のロサンゼルス以外に大都
市はない。なぜ車の旅をするのにこのルートを選んだのかと
いうと，このルートには，古きよきアメリカが残っていて，
かつ，大自然を堪能できる国立公園がいくつもあったからで
ある。ルート沿いにある国立公園の代表的なものは，イエロー
ーストーン（間欠泉がある），ロッキーマウンテン（もちろ
ん，山である），グランドキャニオン（峡谷がすばらしい），

モニュメントバレー（西部劇の映画や映画の『バック・トゥ・ザ・フューチャー』でおなじみ）などである。それ以外にも、何も考えずに、木の切り株みたいな変わった形をした岩山のデビルズタワーも訪れていた。今から考えると、訪れた中で最もお気に入りの場所の1つである。当時は知らなかったが、スピルバーグの映画『未知との遭遇』（1997年）で宇宙船が降り立った場所である。デビルズタワーの岩山は下から見ると、ほぼまっすぐに空に向かってそびえていて、すごいなと思ったことを記憶している。

岩山の麓から、上を眺めると絶景であった。だいぶ長い時間見上げていたように思う。当然のことながら、宇宙船は現れなかった。ちょっと違うと言われるかもしれないが、日本だと、東京都庁を下から見上げた感じだったような気がする。

　旅の目玉になるポイントは、もちろん電車などでは行けないが、（車を運転するのにはとても快適な）フリーウェイと呼ばれる高速道路でつながっている。途中、地平線までまっ

すぐに伸びる平原の中の道をひたすら車を運転することもしばしばであった。このようなフリーウェイ（高速道路）は，(1)のように表現することがある。

(1) 高速道路が平原を走っている。

(1)の文で興味深いのは，動詞は「走る」であるが，主語は「高速道路」である点である。「走る」は，通常，走ることができる人間や動物を主語にとる。しかし，(1)では，実際には走ることができない道路が主語となっている。もちろん，実際に「高速道路」が走るわけではないが，(1)では，道路があたかも走っている（移動している）かのごとく，道路の状態についての記述がなされているのである。このような移動は時に**虚構移動**（fictive motion）と呼ばれる。SFの世界なら，実際に走っている道路を想像することができるかもしれない。想像するとしたら，妖怪の「ぬりかべ」が走

っていくような感じで，道路が手足を動かしながら走っている情景が思い浮かぶのではないかと思う。

　ところで，(1)のような表現が可能になるには，いくつかの条件を満たす必要がある。まず，この構文には，動詞の「走る」は使用可能であるが，「歩く」や「這う」は使用できない。

(2) *高速道路が平原を ｛歩いている／這っている｝。

「歩く」や「這う」は，速度が速くないというイメージがあるので，車が疾走する「高速道路」を記述できないとも考えられるかもしれない。しかし，速度は問題ではない。例えば，「走っている」を「走り込む」に変えて「*高速道路が平原を走り込んでいる」としてもよくならないし，「駆ける」を使って「*高速道路が平原を駆けている」としてもあまりよくならない。また，ゆっくり動くことが前提の歩道も「*歩道が歩いている」と表現することができない。都会では，人の歩く部分が動いていく「動く歩道」が設置されているところもあるが，その動く歩道を見て，「*歩道が歩いている」とは言えないのである。

　次に，「高速道路」は，もちろん人間ではないので，意図的な行為を行うわけではない。したがって，(3)のような表現もおかしく感じる。

(3) *高速道路が平原を必死で走っている。

220

もちろん，人間なら「あの人が平原を必死で走っている」と
言っても文としては成立する。さらに，虚構移動を表す文の
場合，道路が実際に走るわけではないので，期間を指定する
表現が現われてもおかしく感じられる。

(4) ＊高速道路が平原を3日間走っていた。

もちろん，走るのが人間なら「あの人が平原を3日間走っ
ていた」としても問題ない（ただし，『走れメロス』（太宰
治）の主人公でもなければ，3日間も走り続けられるかどう
かはわからない）。期間を区切る表現は虚構移動の文には現
れにくいが，以前あった高速道路が今では存在していないこ
とを表現するために，「例の高速道路は，去年までここを走
っていた」のようにすると文法的な表現となる。
　さらに，「走る」の虚構移動の表現が適格になるには，動
詞に「ている」が付いている必要がある。そのため，「走
る」が単純形で現れる(5)はおかしな文であると感じられ
る。

(5) ＊高速道路が平原を｛走った／走る｝。

(5)は「走る」という非過去形でも「走った」という過去形
でも容認されない。動詞に「ている」が付いていれば，「高
速道路が走っている」でも「高速道路が走っていた」でも問
題ない文となる。もちろん，人間が走る場合には，「あの人
が走った」のように単純形の動詞が現れても「あの人が走っ

ていた」のように「ている」形の動詞が現れても問題ない。

　虚構移動を表す文では，「走っている」のように「ている」形にする必要があるが，これと似た現象として，日本語において，文の形式では「ている」と一緒に現れなければならない動詞がいくつかあることが知られている。それは，「優れる」「ありふれる」「似る」そして，先に，旅の途中で立ち寄ったデビルズタワーデビルズタワーを「変わった岩山」と形容した（「普通と違う」という意味で使う）「変わる」などである。これらの動詞では，(6)に見られるような文法性の対比が観察される。

(6) この岩山の形は {変わっている / *変わる}。

(6)のように，文に現れた場合に「ている」が付かなければいけない動詞は，**第四種の動詞**と呼ばれている。この名称は，国語学者の金田一春彦博士が，日本語の動詞を**状態動詞**（stative verb）**継続動詞**・（continuative verb）・**瞬間動詞**（instantaneous verb）・**第四種の動詞**（Class 4 verb）の４つに分類したものから来ている。(6)の「変わる」は，最後のタイプの動詞である。最初の３つは，名前からだいたいどういう意味を表すか想像できる。４つめの動詞については，この名前からだと何のことかわからない。金田一博士は，４つめの動詞に付ける適当な名前が思い浮かばなかったために，とりあえず，その動詞を「第四種」と名付けたのである。ところで，先に言及したスピルバーグの映画『未知との遭遇』の英語のタイトルは *Close Encounter of the*

Third Kind なので，この映画の日本語のタイトルは本来なら『第三種接近遭遇』となるはずである。そう考えると，この第四種の動詞には，今なら「未知との遭遇」動詞という，なかなかナイスな名前を付けられるのではないかと思う。

（1）の虚構移動を表す「走っている」と第四種の動詞は意味的な性質が似ている。例えば，（7）の「ばかげている」の文は，現在の状態の意味を表す。

（7）その考えはばかげている。

（7）と同様に，（1）の虚構移動文の「走っている」も現在の状態の意味を表す。これに対して，通常の文の「あの人が走っている」に現れる「ている」形の「走る」は，「走る」行為が継続しているという意味があるので，継続動詞に分類されることになる。

　虚構移動を表す「（高速道路が）走っている」は，「ばかげている」と似た特性を持っているので，第四種の動詞のクラスに入れてもよさそうに思えるが，実際には，このクラスの動詞には入らないとする方がよいであろう。第四種の動詞の特徴として，文末では「ている」が必要であるものの，名詞修飾節内に現れると「ている」が必要なくなるということが挙げられる。

（8）その ｛ばかげた / ばかげている / *ばかげる｝ 計画

第四種の動詞の「ばかげる」の場合には，名詞修飾節内にお

いて動詞に「ている」が付いてもよいし，「ばかげた」という過去の単純形で現れることも可能である。しかし，「ばかげる」にするとおかしくなる。虚構移動を表す「走る」も名詞修飾節内に現れた場合には，「ている」は必ずしも必要ではなくなるが，分布が異なる。

(9) 平原を ¦走っている / 走る / *走った¦ 高速道路

(9)で示されているように，名詞修飾節内において「走る」は「ている」と共起してよい。また，「走る」も容認されるが，「走った」になるとおかしくなる。「ばかげる」ならば，「*ばかげる計画」という表現はおかしいので，虚構移動の「走る」が名詞修飾節の中で示すパターンは，第四種の動詞が示すパターンとは異なる。そうすると，虚構移動の「走る」は，第四種の動詞と似た性質を示すものの，第四種の動詞としては扱えなさそうである。

　ちなみに，(6)の「変わっている」も（この意味で使われると）第四種の動詞に入り，名詞を修飾する場合には，「¦変わっている / 変わった¦ 岩山」とは言えても「*変わる岩山」とは言えない。（ただ，「変わった形の岩山」とは言えても，「*変わっている形の岩山」は変な表現になる。）「不思議な形をした岩山」は，「変わった形をした岩山」と似た意味を表す。そして，「不思議な形をしている」という表現もまた，第四種の動詞と同じ振る舞いを示す。というのも，「この岩山は不思議な形をしている」は文法的であるが，「*この岩山は不思議な形をする」は非文法的であるからで

ある。また，名詞修飾をすると，「不思議な形を {している
/ した / *する} 岩山」のように，「ている」形や単純過去形
は許容されるが，単純非過去形は容認されない。おもしろい
ことに，「形」を「顔」に変えると（通常の）継続動詞に変
わる。したがって，「不思議な顔を {する / している}」と
いう表現は可能である。（デビルズタワーを見上げていた私
の顔を想像してもらいたい。）

　アメリカ大陸のような大きな陸地を車で移動するのは結構
大変で，まっすぐな道を何時間も進む時には，眠くなること
もしばしばであった。そんな時には道端に車を止めて休憩し
た。一人で車を運転し続けるのは，肉体的にもきついが，長
時間の運転で，（中古の）車も後半には，悲鳴を上げた。メ
サ・ヴェルデという国立公園で，ラジエーターのパイプが壊
れ，車がオーバーヒートし立ち往生した。パークレンジャー
に近くの町の修理工場から牽引車を呼んでもらい，修理工場
に車を運び込み，車の修理をしてもらった。その間，私はほ
ぼ丸一日を何もせずにその町で過ごした。特に先を急ぐわけ
でもなく，行程を決めていないので，途中で思わぬ時間を食
っても特に問題はなかった。旅行中は，車をぶっとばしてフ
リーウェイを走っていたのであるが，時間はゆったりと流れ
ていたのである。

　かくして時が経ち，今はと言えば，仕事や授業そしていろ
いろな締め切りに追われ，余裕もあまりなくなり，好きな時
にドライブできる車から走り続けていないと倒れてしまう自
転車に乗り換えて，自転車操業を続けている。

Part **2**

資　　料

1. ことばについてさらに考えるためのヒント

『日本語のふしぎ発見！』のエッセイに関連して，ことばについてさらに考えてみたくなった読者のために，考える方向性を示唆する問いをいくつか以下に挙げてみました。関連する表現を集めて考察していくと，ことばについて新たな発見をすることができるかもしれません。ここで挙げた以外にもいくつも考察を進める課題や方向性があります。どのようなことばの問題でも，少し深く掘り下げて考えてみると，そこに潜むことばの隠された魅力を発見することができるのではないでしょうか。簡単に解けそうな問いやじっくり取り組まないと答えが見つからないような問いもありますが，トライしてみてください。

エッセイ *1*

相対名詞は，他との関係で指すものが決まる名詞とされています。(a) ～ (g) に挙げた名詞は，相対名詞と見ることができるでしょうか，また，そのように見ることができるならば，どのような関係で名詞が指すものが決まるか考えてみましょう。

(a) 兄，弟，親戚

(b) 明日，昨日，明後日

(c) 北極，南極

(d) 先生，生徒

(e) 大統領，首相

(f) 右，左，上，下

(g) 東，西，南，北

エッセイ 2

職業や場所を表す表現で，どのような時に 2 つ以上の意味を持つことができるのか考えてみましょう。

(a) 宝石商，貿易商

(b) 医院，病院，寺院

(c) ○○新聞，××放送

(d) 保育士，消防士

エッセイ 3

「ゾウさん」構文に見られる「象の鼻が長い」と「象が鼻が長い」のノ格とガ格の交替が可能な場合以外にも，下に挙げたように，ノ格と二格で交替が可能な表現があります。どのような場合に，ノ格と二格の交替が可能なのか考えてみましょう。

(a) 授業の間に合う / 授業に間に合う

(b) 山田さんの役に立つ / 山田さんに役に立つ

(c) 先生の気に障る / 先生に気に障る

これ以外にも交替が可能な表現があるか探してみましょう。

エッセイ 4

「机に本を山積みにする」と「机を本で山積みにする」の交替と同じ形式の交替ができる動詞はたくさんあります。（例えば，「塗る」は「壁にペンキを塗る」と「壁をペンキで塗る」の交替が可能です）。その他に「山積みにする」と同じタイプの交替ができる動詞を見つけて，どのような要因で交替が可能になっているのか考えてみましょう。

エッセイ *5*

日本語のさまざまな類別詞がどのように使われるか調べてみましょう。また，数え方にどのような法則性があるかも調べてみましょう。

エッセイ *6*

「勉強をする」と「勉強する」のように，ヲ格のある形とない形で交替できる名詞と片方の形式だけとることのできる名詞を探して比べてみましょう。交替が可能になる要因としてどんなことが考えられるか考察してみましょう。

エッセイ *7*

「片付ける」は，基本的に同じ意味を保ったままで「机の本を片付ける」と「机を片付ける」のように交替を起こすことができる動詞です。しかし，「取り除く」では，「机のゴミを取り除く」と「机を取り除く」では表す意味が同じにならず，交替を起こすことができません。「片付ける」タイプの交替ができる動詞が他にないか考えてみましょう。見つかったら，どのような要因で交替が可能になるのか考えてみましょう。

エッセイ *8*

他動詞の用法しかない動詞や自動詞の用法しかない動詞をいくつか見つけて，なぜ自他の交替ができないのか考えてみましょう。

エッセイ *9*

　句複合語には，「名詞＋**の**＋名詞」の形をしたものがたく
さんあります。

　（a）世の中

　（b）目の前

　（c）気の毒

上に挙げた以外にも同じ形式を持つ句複合語がないか探し
て，どのような性質を持っているかを考えてみましょう。

エッセイ *10*

　喜びや悲しみなどを表現する動詞には，「悲しむ，（心が）
痛む，哀れむ」など，似た意味を表すものがたくさんありま
す。似た感情を表す動詞をいくつか集めて，用法や意味の違
いについて考えてみましょう。

エッセイ *11*

　動詞の後に置かれる助動詞や助詞にはいろいろなものがあ
り，それらを変えるとさまざまに意味合いの異なる表現をつ
くることができます。例えば，依頼の表現には「〜できます
か？」「〜してください」などの文末表現を付けることがで
きます。これ以外にも依頼の文末表現を見つけて，それぞれ
にどのようなニュアンスの違いがあるか考えてみましょう。

エッセイ *12*

　着用を表す動詞には，「かぶる」「着る」「はく」「羽織る」
の他にも「召す」「着用する」などの動詞があります。いく

つかの着用動詞を取り上げて，それらの動詞の目的語として現れることができる名詞と現れることができない名詞を考えて，その可能性がどのような要因で決まっているかを考察してみましょう。

エッセイ 13

　和語・漢語・外来語には「飲み物」「飲料」「ドリンク」のように，それぞれの語彙層に基本的に同じ意味を表す語が見つかることがあります。3つの語彙層にそれぞれ属する同意語の例をいくつか挙げて，使われ方やニュアンスの違いについて考えてみましょう。

エッセイ 14

　school と scholar は，「暇」という意味を表す語にその語源がありますが，日本語にも「師走」のように，もともとは「先生が走る」という意味の語が何かとせわしない 12 月の別名になっています。これ以外にも，由来が知られている語や表現はたくさんあります。いくつかの珍しい表現や不思議に思う表現について，その語源を調べてみましょう。また，語は長く使用されていると，意味がもととは異なってくることもあります。意味や使い方に変化が起こっている表現があった場合には，どのようにしてその変化が起こったか調べてみましょう。

エッセイ 15

　最近つくられた新語について，どのような規則に基づいて

つくられたか調べてみましょう。

エッセイ *16*

「ててて」「ととと」「かかか」のように，同じ文字が３つ以上並んでも意味のある表現になるものがないか考えてみましょう。

エッセイ *17*

エッセイに出てきた「記録を破る」「*記録が破れる」などの例以外に，自動詞と他動詞のペアがあっても，他動詞文と自動詞文のどちらかでしか使うことができない表現があるか探してみましょう。見つかったら，なぜそうなるのか考えてみましょう。

エッセイ *18*

「写真を撮る」「手術をする」以外に，主語が動作主とも被動者とも解釈できる表現を考えてみましょう。どういう場合に，２つのまったく異なる表現が可能になるか考察してみましょう。

エッセイ *19*

複数を表す「ら」や「たち」は，人を表す名詞に付加することができる接辞です。名詞に付加できる接辞には，これ以外にも「さん」「ちゃん」「くん」などの呼称を表すものがあります。呼称を表す接辞をできるだけたくさん探して，それぞれの接辞の用法について考察してみましょう。

エッセイ *20*

否定・打ち消しの環境で現れる表現には,「と」や「も」を付けてつくるもの以外にも,「決して」「あまり」「いまいち」などの副詞表現があります。同じように否定の環境でのみ使われる副詞表現をできるだけたくさん集めて,その意味・用法について考えてみましょう。

エッセイ *21*

「～に～が**ある**」という形を持つ存在文の「～が」の部分には無生物名詞が入り,「～に～が**いる**」という形を持つ存在文の「～が」の部分には有生物名詞が入ると言われます。しかし,実際にはこの区別が当てはまらないような名詞が「～が」のところに入ることがあります。そのような名詞をできるだけたくさん集めて,名詞がどのように区別されているか考えてみましょう。

エッセイ *22*

「名詞＋名詞」の形を持つ複合語を集めて,前後の名詞の意味関係についてどのような法則性があるか考えてみましょう。

エッセイ *23*

日本語で自然に使える無生物主語の文をできるだけたくさん集めてみましょう。見つかった無生物主語の文が英語で自然な表現になるか考えてみましょう。どのような発想でそのような表現が成立しているかについても考察してみましょ

う。

　「曲がったスプーン」は「曲がっているスプーン」と言い換えても同じ意味が表せますが，「ゆでた卵」は「ゆでている卵」とは同じ意味になりません。「〜した＋名詞」が「〜している＋名詞」と言い換えができる動詞とできない動詞をそれぞれ集めて，どのような動詞がそれぞれのタイプに入るか考えてみましょう。

2. 関連事項を調べるためのおすすめ文献

　ここでは，それぞれのエッセイのトピックと関連する事項についての参考文献を挙げます。いろいろと研究がなされていて，様々な文献があるものや，専門的な文献でしか十分な情報が得られないものがあります。ここでは，エッセイに直接的あるいは間接的に関連する事項・トピックについて知ることができる文献をそれぞれ 1 ～ 2 点紹介します。

エッセイ *1*

◎大江三郎（1978）『日英語の比較研究―主観性をめぐって』南雲堂.
　「あげる」「もらう」や「行く」「来る」のような動詞は，誰がその文を発話しているのか，つまり，どのような視点から文を発話するかによって，使用される表現が変化します。本書は，そのような動詞の文法について詳細に検討した研究書です。

エッセイ *2*

◎漆原朗子（編）（2016）『形態論』朝倉書店.
　語形成や派生などを含む語の形態に関するさまざまな分野についての紹介がある入門書です。

エッセイ *3*

◎三上章（1960）『象は鼻が長い』くろしお出版.
　エッセイで紹介した文献です。ただし，本の内容は，「ゾウさん」構文だけでなく，いわゆる題目の「は」について

議論されています。

◎久野暲（1973）『日本文法研究』大修館書店.

日本語の文法に関する考察をしている研究書です。「ゾウ
さん」構文の主語化分析を提案しています。

エッセイ 4

◎川野靖子（2021）『壁塗り代換をはじめとする格体制の
交替現象の研究』ひつじ書房.

項の格交替を起こすいくつかの動詞を詳しく検討して，格
交替の本質の解明を試みている研究書です。

◎奥津敬一郎（1981）「移動変化動詞文」『国語学』127.

日本語の壁塗り交替動詞が，移動と変化の意味を表すため
に交替が可能になっていることを論じた論文です。

エッセイ 5

◎松本曜（1991）「日本語類別詞の意味構造と体系―原型
意味論による分析―」『言語研究』99, pp. 82-106.

日本語のいくつかの類別詞について，プロトタイプ理論に
基づき分類・体系化を試みた論文です。

◎飯田朝子（2014）『数え方の事典』小学館.

日本語の類別詞を用いてどのようにものの数をかぞえるか
をまとめた事典です。

エッセイ 6

◎影山太郎（1993）『文法と語形成』ひつじ書房.

言語学の理論を用いて日本語の語形成を分析する研究書で

す。「動詞的名詞＋する」の形式を持つ軽動詞構文の分析
もあります。

◎岸本秀樹（2019）「軽動詞構文における意味役割付与の
メカニズム」岸本秀樹（編）『レキシコンの現代理論とそ
の応用』pp. 99-126，くろしお出版.
軽動詞構文において項の具現化の方法が動作主主語と非動
作主主語で異なることを論じた論文です。

エッセイ **7**

◎岸本秀樹（2001）「壁塗り交替」影山太郎（編）『日英
対照　動詞の意味と構文』pp. 100-126，大修館書店.
日英語の壁塗り交替構文について概観した論文です。「片
付ける」タイプの交替に関するデータおよび考察がありま
す。論文収録図書の姉妹編として『日英対照　形容詞・副
詞の意味と構文』『日英対照　名詞の意味と構文』があり
ます。

エッセイ **8**

◎丸太忠雄・須賀一好（編）（2000）『日英語の自他の交
替』ひつじ書房.
いろいろな視点から日本語の動詞の自他交替について研究
した論考を集めた論文集です。

エッセイ 9

◎岸本秀樹・于一楽（2020）『ベーシック語彙意味論』ひ
つじ書房.

英語と日本語を用いながら語彙の意味や構造一般について
わかりやすく説明している入門書です。日本語の句複合語
についての説明もあります。

エッセイ 10

◎寺村秀夫（1982）『日本語のシンタクスと意味Ⅰ』くろ
しお出版.

日本語の統語・意味一般についての考察が展開されている
文法書です。感情表現の格のパターンについての記述もあ
ります。本書は，3巻からなる本の1巻目です。

エッセイ 11

◎小柳智一（2018）『文法変化の研究』くろしお出版.

語彙的な要素が文法要素（機能語）に変化する過程を一般
言語学の理論から検討しています。日本語の語彙の歴史的
な変化についての考察があります。

エッセイ 12

◎影山太郎（1981）『日英比較語彙の構造』松柏社.

着衣表現を含め類義が存在する語彙に関して文法的な説明
を加えています。日本語と英語を対照しながら，語彙の体
系性について知ることができます。

エッセイ *13*

◎柴田武・國廣哲彌・長島善郎・山田進（1976）『ことば
の意味 1―辞書にかいてないこと』平凡社.
　動詞の類義表現の意味の違いについて詳細に分析していま
　す。1 ～ 3 巻まであります。

◎森田良行（1989）『基礎日本語辞典』角川書店.
　類義表現の文法・使い分け（動詞であればどのような文型
　で使用されるかなど）を調べるのに便利な辞書です。文庫
　本版もあります。

エッセイ *14*

◎天野みどり（2011）『日本語構文の意味と類推拡張』笠
間書院.
　ガ格やヲ格を持つ項について考察した日本語文法の本で
　す。ヲ格表現のさまざまな用法について非常に詳しい検
　討・考察がなされています。

エッセイ *15*

◎窪薗晴夫（1999）『日本語の音声』岩波書店.
　連濁を含め日本語の音声一般に関するわかりやすい説明が
　あります。日本語の音声がどのようなしくみになっている
　のかを概観することができます。

エッセイ *16*

◎仁田義雄（1997）『日本語文法研究序説』くろしお出版.
　日本語文法でしばしば取り上げられるいくつかの重要な問

題がコンパクトに概説されている本です。

◎日本語文法学会（編）（2014）『日本語文法事典』大修館書店.

日本語文法の研究成果を項目別に一覧できる事典形式の文献です。最新の日本語研究の蓄積が一同に集められ解説されていると言っていいでしょう。

エッセイ *17*

◎影山太郎（2001）「自動詞と他動詞の交替」影山太郎（編）『日英対照　動詞の意味と構文』pp. 12-39，大修館書店.

日本語や英語の自他交替で現れる自動詞や他動詞がどのような意味を記述するかについての説明があります。本書には他にも動詞の他動性について説明する章があります。

エッセイ *18*

◎佐藤琢三（2005）『自動詞文と他動詞文の意味論』笠間書院.

自動詞構文や他動詞構文のさまざまな意味の側面について検討しています。通常，主語に動作主をとる動詞が現れる構文でも主語が動作主と解釈されない場合の意味についても検討されています。

エッセイ *19*

◎西山國雄・長野明子（2020）『形態論とレキシコン』開拓社.

日本語と英語の語の形態に関するいくつかの理論的な問題が要領よくまとめられ，考察が展開されていて，最近の研究の流れを知ることができます.

エッセイ *20*

◎日本語記述文法研究会（2007）『現代日本語文法 3：アスペクト・テンス・肯否』くろしお出版.

日本語文法の 7 巻本の中の 3 巻目の本で，否定極性表現も含め，否定に関する事実のかなり網羅的な記述があります.

エッセイ *21*

◎岸本秀樹（2005）『統語構造と文法関係』くろしお出版.

統語論の研究書です．日本語の存在文や所有文に関する詳しい記述があります.

◎金水敏（2006）『日本語存在表現の歴史』ひつじ書房.

日本語の存在表現の変遷を歴史的な事実と照らし合わせて詳細な論考が展開されています.

エッセイ *22*

◎伊藤たかね・杉岡洋子（2002）『語のしくみと語形成』研究社.

日本語と英語を比較しながら，複合名詞などの語形成と意

味の関係を分析している研究書です。

エッセイ *23*

◎池上嘉彦（1981）『「する」と「なる」の言語学―言語と文化のタイポロジーへの試論―』大修館書店.
「なる」言語の日本語の文法現象を「する」言語と比較しながら考察する論考を含む単行本です。さまざまな文法現象に反映される日英語の発想の違いについて知ることができます。

◎岸本秀樹・影山太郎（2011）「構文交替と項の具現化」影山太郎（編）『日英対照　名詞の意味と構文』pp. 270-304.　大修館書店.
日英語の構文交替を行為連鎖の観点から分析しています。日本語の無生物主語に関する考察もあります。

エッセイ *24*

◎金水敏（1994）「連体修飾の「〜タ」について」田窪行則（編）『日本語の名詞修飾表現』pp. 29-65.　くろしお出版.
名詞修飾節に現れるタ形動詞の持つことができる意味がどのようにして得られるかを意味構造を用いて考察した論文です。

◎金田一春彦（1950）「国語動詞の一分類」『言語研究』15, pp. 48-63.
日本語の動詞をいくつかの種類に分け，エッセイで紹介した「第四種」という動詞のクラスが命名されたことで有名な論文です。

3. 専門用語索引

筆者紹介

岸本 秀樹

神戸大学大学院文化学研究科博士課程修了。学術博士。神戸大学大学院人文学研究科教授。専門は統語論・語彙意味論。著書に『統語構造と文法関係』（くろしお出版，2005 年），『ベーシック生成文法』（ひつじ書房，2009 年），『文法現象から捉える日本語』（開拓社，2015 年），『ベーシック語彙意味論』（共著，ひつじ書房，2020 年）などがある。

日本語のふしぎ発見！
——日常のことばに隠された秘密——

2021 年 10 月 30 日　第 1 刷発行

著　者───岸本秀樹

発行者───（株）教養検定会議　さんどゆみこ
　　　　　　東京都世田谷区松原 5-42-3
　　　　　　https://la-kentei.com/

学内協力（神戸大学）

編集補助──平沼優奈・谷岡萌香

イラスト──篠原美来・安下尚吾・土井美琴・山本更紗・岸本瞳

印刷・製本──シナノ書籍印刷株式会社　　装丁──植木祥子